Karl-Heinz Dejung / Hans-Gerhard Klatt
Werner Simpfendörfer
Ein Leben in der Ökumene

Karl-Heinz Dejung / Hans-Gerhard Klatt

Werner Simpfendörfer

Ein Leben in der Ökumene

Wichern-Verlag

Karl-Heinz Dejung, Dr. theol., geboren 1941, evangelischer Pfarrer im Ruhestand, ist Lehrbeauftragter für Religionswissenschaft und Missionswissenschaft an der Evangelisch-Theologischen Fakultät der Universität Mainz.
Seit mehr als 40 Jahren ist er mit Leib und Seele der Ökumenischen Bewegung verpflichtet.

Hans-Gerhard Klatt, geboren 1952, ist evangelischer Pastor und Sozialpädagoge, leitet das Evangelische Bildungswerk Bremen und hat viel zu Lernprozessen in der Evangelischen Studierendenarbeit und der Erwachsenenbildung veröffentlicht.
Er war seit 1981 mit Werner Simpfendörfer befreundet.

Zitate von Werner Simpfendörfer sind kursiv gesetzt.

© Wichern-Verlag GmbH, Berlin 2010

Umschlag: Dietmar Silber, wichern-design, unter Verwendung eines Fotos von Werner Simpfendörfer
Bildnachweis: Die verwendeten Bilder befinden sich in Privatbesitz.
Satz: NagelSatz, Reutlingen
Druck und Bindung: Elbe Druckerei Wittenberg GmbH
Das Buch wurde vom Evangelischen Entwicklungsdienst (EED), der Evangelischen Kirche in Hessen und Nassau und dem Diakonischen Werk in Hessen und Nassau gefördert.
ISBN 978-3-88981-291-9

Inhalt

VORWORT
von Margot Käßmann
– 7 –

ANNÄHERUNG
Erinnerung ist die Schwester der Hoffnung
– 12 –

ERSTES KAPITEL
Ökumenische Freundschaft –
Einer von den Kleinen erhebt seine Stimme
– 16 –

KAPITEL 2
Geborgenheit und Weite –
Korntal, Neuhalde 16
– 20 –

KAPITEL 3
Theologus Viator –
Auf der Suche nach Identität
– 36 –

KAPITEL 4
Ist eine andere Kirche möglich? –
Unterwegs für die Kirchenreform
– 47 –

KAPITEL 5
Bildung für das ganze Gottesvolk –
Die Genfer Jahre
– 69 –

KAPITEL 6
Zum Scheitern bereit –
Lernfeld Europa
– 82 –

KAPITEL 7
Abschied von der Provinz –
Der Streit um die Volkskirche in Deutschland
– 100 –

KAPITEL 8
Ende oder Wende –
Freiburg, Hauptstraße 5
– 117 –

KAPITEL 9
Früchte der Freundschaft –
Im Herbst des Lebens
– 125 –

ZEUGNISSE
Gedächtnis und Vermächtnis
– 138 –

Lebensdaten
– 141 –

Bibliographie
– 143 –

Vorwort

Ich bin dankbar für diese Biographie. Sie erinnert an einen Mann, dem die Ökumenische Bewegung zutiefst am Herzen lag. Der die Kirche und die Welt verändern wollte. Der eine Vision hatte davon, wie es sein könnte, wenn Frieden und Gerechtigkeit sich nicht nur erst in Gottes Zukunft küssen, sondern wir diesen Kuss schon im Hier und Jetzt spüren. Werner Simpfendörfer hat die Ökumenische Bewegung geliebt und mitgestaltet, ja an so mancher Stelle geprägt. Er blieb dabei immer eher ein Mann der zweiten Reihe, stand nicht so im Vordergrund wie andere. Aber er war überzeugter Netzwerker, das war seine große Gabe, denke ich. Eine „Theologie der Freundschaft" hat er entwickelt und Freundschaft hat die Ökumenische Bewegung durchaus bestimmt. Ich denke vor allem an die Freundschaften, derer die fest entschlossen waren, den Ökumenischen Rat der Kirchen zu gründen, aber die Katastrophe des Zweiten Weltkrieges erleben mussten. Über alle nationalen Konflikte hinweg haben Männer wie George Bell, Willem Visser't Hooft, Dietrich Bonhoeffer, aber auch Frauen wie Madeleine Barot, die öffentlich nie so bekannt wurden, an der Idee festgehalten, dass es eine Ökumenische Bewegung geben kann, die Grenzen überwindet und das Verbindende des christlichen Glaubens in den Vordergrund stellt.

Dabei will ich nichts idealisieren. Werner Simpfendörfer war keiner, der stets die Harmonie als erstes Ziel kannte. Er konnte heftig kämpfen, so wie er sich engagierte, war Konflikt stets auch Teil der Debatte. Aber er war freundschaftlich treu im besten Sinne des Wortes. Seine Zeit mit Ernst Lange beim Ökumenischen Rat der Kirchen scheint mir im Rückblick immer die schönste Zeit seines Lebens gewesen zu sein. Paulo Freire, Ernst Lange und vor allem auch Philip Potter waren für ihn Protagonisten einer Ökumene, wie er sie sich erhoffte. Die Auseinandersetzung mit der eigenen Rolle als Deutscher wurde vertieft, das Bildungsverständnis in einen ökumenischen Horizont verlagert. Aufbruchstimmung, Konflikt mit der EKD im Rahmen des Programms zur Bekämpfung des Rassismus – es waren spannende, ja polarisierende Jahre für ihn.

Ich selbst habe Werner Simpfendörfer 1981 kennen gelernt bei der Vorbereitung der Delegierten für die sechste Vollversammlung des Ökumenischen Rates der Kirchen in Vancouver 1983. Ein kleiner, durch eine schwere Behinderung gezeichneter Mann, der aber auf keine Weise gebrochen wirkte, sondern humorvoll daher kam, mit tiefer Freundlichkeit im Gesicht. Mir ist erst im Laufe der Jahre deutlich geworden, wie viel Kraft es ihn gekostet haben muss, mit der Behinderung zu leben. Es ist die Arroganz der Gesunden, das nicht zu sehen. Werner Simpfendörfer stand dafür ein, sich nicht durch seine Behinderung definieren zu lassen. Das ist ein heute für Kirche, Diakonie und Gesellschaft gewichtiger Gedanke: Wer definiert einen Menschen als „behindert"? Ich selbst habe aufgrund einer Erkrankung einen Schwerbehindertenausweis, aber niemand würde mich zuerst als Behinderte wahrnehmen. Bei Werner war das oft der Fall. Erst wurde sein Gebrechen gesehen, dann seine Kompetenz. Er ist damit auf bewundernswerte Weise umgegangen, er war einen Schritt schneller sozusagen, weil er das im Vorfeld der Begegnung schon reflektiert hatte. Doch es wird ihn, Elisabeth und auch die Söhne viel Kraft gekostet haben, „Normalität" mit der Krankheit zu leben.

Im Nachhinein wächst mein Respekt. Ich bin überzeugt, Werner hat das gut biblisch reflektiert: Das geknickte Rohr, der glimmende Docht, der leidende Christus: Leiden als Teil des Lebens – der christliche Glaube setzt hier einen besonderen Akzent und Werner Simpfendörfer hat ihn am eigenen Leib sichtbar gemacht. Ich habe ihn nie klagend erlebt, obwohl er, etwa, als die Leitung der Akademie Bad Boll ihm nicht angetragen wurde, wohl manche Verletzung davongetragen hat.

In Vancouver kamen wir uns etwas näher. Er war einer derer, die mich ermutigt haben, für den Zentralausschuss „from the floor" zu kandidieren, obwohl die EKD strikt dagegen war und Delegationsleiter und Ratsvorsitzender Landesbischof Lohse mir klar gemacht hatte, das könne gegen die Ratsentscheidung nicht sein. Es war eine kleine Rebellion der Jugenddelegierten, die dreißig Prozent Unter-dreißig-Jährige im Zentralausschuss sehen wollten und sagten: Wenn die EKD sechs Sitze hat, sollte sie einen frei geben für Jüngere. Kurzum: Ich wurde gewählt, der Ökumenereferent der EKD sagte mir aber, er könne mir nicht gratulieren, das sei ein verlorener Platz für die EKD, denn ich hätte kein Büro, keine Verbindungen, nicht einmal ein Faxgerät. Werner Simpfendörfer kam und sagte: „Es gibt eine Ökumenische Bewegung, die wartet auf dich und ich nehm' dich mit." Das hat er getan. Zuerst zu Geiko Müller-Fahrenholz auf eine Tagung in Bad Segeberg, dann zu anderen „Netzwerken" wie dem „Plädoyer für eine ökumenische Zukunft". Er war im besten Sinne „väterlicher Freund", ich selbst war im Alter seiner drei Söhne, so konnte er manches nachempfinden, was mich bewegte, denke ich …

Mehr noch habe ich Werner Simpfendörfer zu verdanken, dass ich promoviert habe. Als ich mit Zwillingen schwanger ordiniert wurde, habe ich dem Druck nachgegeben, keine Stelle anzutreten, da ich durch meinen Ehemann als Vollzeitpfarrer ja „alimentiert" war und nicht gesehen wurde, wie ich mit drei Kleinkindern pfarramtlichen Dienst tun könnte. Ich war zutiefst enttäuscht. Werner Simpfendörfer sagte: „Nutz die Zeit, mach deinen Doktor, dann hast du mehr Gewicht in ökumenischen Diskussionen." Als meine ersten Überlegungen in Marburg nicht weiter führten, sagte er: „Fahr nach Bochum, sprich mal mit Konrad Raiser, ich vermittle dir einen Termin." Drei Jahre später habe ich als erste Promovendin Konrad Raisers in Bochum mein Rigorosum absolviert.

Als ich bald darauf eine Stelle als Studienleiterin der Akademie in Hofgeismar erhielt, war Werner Simpfendörfer glücklich. Die Akademien, das war seine Welt, hier sah er zentrale Netzwerke für Ideen, Themen, Akzentsetzungen, kirchliches Handeln in der Welt. Mehrmals besuchte ich ihn auch mit Familie in Hinterzarten und Tagungsideen entstanden. Elisabeth war dabei immer die fürsorgliche, aber auch inhaltlich mitdenkende, kritische Begleiterin. Oft habe ich seine Kraft bewundert, noch mit der Sauerstoffmaske zu denken, zu schreiben, zu begleiten. Da war eine

Lebenskraft, ein energischer Lebensmut, der mir zutiefst imponiert hat. Keine Weinerlichkeit, kein Ringen mit Gott, keine Frage nach dem „Warum ich!", sondern eine Art von Glaubenszuversicht, die sich zwar nie explizit äußerte, aber implizit wahrnehmbar war.

Einen Bruch in unserer Beziehung gab es, als ich Generalsekretärin des Deutschen Evangelischen Kirchentages wurde. Das hat Werner Simpfendörfer geradezu als Verrat an der Ökumenischen Bewegung und den Akademien angesehen. Ich habe das damals nicht ganz verstanden, stand doch der Kirchentag wie die Akademien für die Laienbewegung, die ihm so viel bedeutete. Vielleicht lag es daran, dass der Kirchentag 1965 den Impetus der Kirchenreformbewegung nicht so entschieden aufgenommen hat, wie Werner sich das erhofft hatte. Einen bitterbösen Brief habe ich damals erhalten, der begann mit den Worten: „Si tacuisses..." Ich habe ihn später zerrissen, weil ich ihn nicht in Erinnerung behalten wollte. Ja, so konnte er auch sein. Hart im Urteil, messerscharf im Angriff. Wir haben wieder zueinander gefunden in der Auseinandersetzung um die Ernst-Lange-Biographie. Die Unterstellung, er reflektiere seine eigene Krankheit auf Kosten Ernst Langes hat ihn hart getroffen. Und ich fand sie merkwürdig, denn jeder Biograph bringt ja stets eigenes Erleben ein in die Biographie des anderen Menschen. So habe ich ihn eingeladen zu einer Lesung auf dem Leipziger Kirchentag. Das hat uns versöhnt. Er hat sich gefreut, auf dem Kirchentag aufzutreten – und das mit sehr guter Resonanz. Es war eine letzte Begegnung. Kurz vor dem tödlichen Unfall. Auf seiner und Elisabeths Beerdigung war ich zutiefst dankbar, dass wir im Frieden auseinandergegangen sind.

Die Ökumenische Bewegung lebt von Menschen, die begeistert sind, sich engagieren, Mut haben, Grenzen zu überschreiten. So ein Mensch war Werner Simpfendörfer. Kirchenreform war sein Thema, aber mit einem weltweiten Horizont. So würde er heute gewiss mit heißem Herzen und kritischem Kommentar einen Reformprozess der Evangelischen Kirche in Deutschland begleiten, der das Thema Ökumene in seinem „Impulspapier" ausklammert. Seine Einlassungen kann ich mir gut vorstellen. Heftig wären sie und scharf, erinnern würden sie an Ernst Lange, der in seiner „Eingabe an einen westdeutschen Kirchenführer" betont hatte, jede Kirche sei nur eine „Provinz der Weltchristenheit". Ihm wäre wichtig zu fragen, wo denn die Tagesordnung der Welt vorkomme in der Tagesordnung der Kirche – ein manchen heute sehr fremder Gedanke. Ganz gewiss würde er eine Akademietagung zur Sache fordern, beim Ökumenischen Rat der Kirchen einklagen, sich einmischen zu können ... Doch, seine Stimme fehlt. Und es ist gut, dass mit dieser Biographie an einen großartigen Mann erinnert wird, der gekämpft hat für seine Vision einer Kirche, die einsteht für Gerechtigkeit und Frieden, für Bildung und Lebensoffenheit.

P. S. Dieses Vorwort schreibe ich auf dem Weg nach Amsterdam. Annette Birschel wird fünfzig und so manche aus ihrem Netzwerk kommen aus verschiedenen Ländern. Das hätte Werner gefallen: Die grenzüberschreitende ökumenische Freundschaft setzt sich auch in der nächsten Generation fort ...

Margot Käßmann
Juni 2010

Annäherung
Erinnerung ist die Schwester der Hoffnung

1988 feierte der Ökumenische Rat der Kirchen (ÖRK) das vierzigste Jubiläum seines Bestehens. Dem Kirchenfunkredakteur des Süddeutschen Rundfunks Hans Jürgen Schultz war dieses Ereignis eine Sendereihe wert. Unter dem Titel „Propheten – Pilger – Partisanen" porträtierte der württembergische Pfarrer im Ruhestand Werner Simpfendörfer acht große Gestalten der Ökumenischen Bewegung. Der Niederländer Willem Adolf Visser't Hooft repräsentierte darin die Anfänge und die „Architektur" der Bewegung, die sich im Ökumenischen Rat 1948 eine Struktur gegeben hatte. Der Tscheche Josef Luki Hromádka stand für den Brückenschlag zwischen Ost und West. Der Jamaikaner Philip Alford Potter und der Südafrikaner Allan Aubrey Boesak gaben der Herausforderung durch den Süden Ausdruck. Für Werner Simpfendörfer durften die Frauen trotz der maskulinen Betitelung der Sendereihe nicht fehlen, der Französin Madeleine Barot und der Inderin Aruna Gnanadason galt seine Aufmerksamkeit. Die letzten beiden Porträts kennzeichneten die Ökumenische Bewegung als Bildungsbewegung: der Brasilianer Paulo Freire und der Deutsche Ernst Lange. Acht Lebensgeschichten stehen repräsentativ für die ökumenische *Utopie einer Welt, in der „ein Mensch Mensch sein kann"*, und für die Hoffnung auf eine *Kirche, deren „Solidarität mit der Menschheit unbegrenzt ist"* (W. A. Visser't Hooft).

Was Hans Jürgen Schultz als Sendereihenprojekt mit ihm entwickelt hatte, war ganz nach dem Geschmack von Werner Simpfendörfer. So, nur so, ließ sich für ihn ökumenische Geschichte erzählen und ökumenische Spurensuche betreiben. Es ist die Geschichte eines Netzwerks von Freundinnen und Freunden, nicht die Geschichte einer Institution und ihrer Strukturen. Werner Simpfendörfer hat alle Porträtierten gekannt, mit den meisten war er eng befreundet. An manchen der beschriebenen ökumenischen Spuren war er aktiv beteiligt. Er könnte selbst als Neunter in der Reihe der Porträtierten stehen. Doch erst im Vorwort der Buchveröffentlichung seiner Rundfunkvorträge gibt er zu erkennen, wie eng seine eigene Beziehung zu den Porträtierten ist und wie sehr er selber die Ökumenische Bewegung mitgeprägt hat. In den gesprochenen Porträts bleibt er der distanzierte Berichterstatter.

2007, zehn Jahre nach seinem Tod, haben wir uns an die Aufgabe gesetzt, ihn, den Meister des literarischen Porträt-Schreibens, zu porträtieren. Wie er den von ihm Porträtierten freundschaftlich verbunden war, so sind wir ihm während seiner letzten 17 Jahre freundschaftlich verbunden gewesen. Das „Plädoyer für eine ökumenische Zukunft" hat uns zusammengeführt, der eine vom Mainzer Arbeitszentrum der Gossner Mission, der andere von der Bundesgeschäftsstelle der Evangelischen Studentengemeinde in Stuttgart kommend. Wir haben – in unterschiedlicher Intensität – miterleben können, wie er in seinen letzten zehn Jahren nach der „Ökumenischen Spurensuche", wie die Buchfassung seiner Rundfunkvorträge betitelt wurde, seine Erinnerungs-Arbeit intensiviert hat. Es waren aktuelle Herausforderungen, Jubiläen und Festschriften, die ihn sich mit seiner eigenen Vergangenheit und mit der von anderen, vornehmlich seiner ökumenischen Freundinnen und Freunde, beschäftigen ließen. Verstärkt durch den Rahmen einer Gesprächstherapie stellte er sich auch den biographischen Prozessen seines eigenen Lebens in einer Intensität, wie er es in 65 Jahren zuvor nie getan hatte.

Werner Simpfendörfers biographisches Schreiben stand unter einem Motto, das ihm als Wort des Malers Michelangelo begegnet war: „Gott hat der Hoffnung eine Schwester gegeben – Sie heißt Erinnerung!" In diesem Motto war zugleich das Ziel seines Schreibens angedeutet. In Umkehrung des Mottos sollte die Erinnerung die Schwester Hoffnung stark machen und die Leserinnen und Leser motivieren, *den Signalen der Utopie, die vor uns her geht, zu folgen* und *dem Weg der Befreiung für alle Menschen auf der Spur zu bleiben.*

Sein letztes großes Werk galt erneut dem Letzten der 1988 Porträtierten, dem 1974 aus dem Leben gegangenen Freund Ernst Lange. Zwei Monate vor dem Unfalltod des Ehepaars Simpfendörfer im Juni 1997 ist es im Wichern-Verlag erschienen. Während die ersten Ergebnisse seines biographischen Schreibens mit einer großen Selbstverständlichkeit den Titel „Porträt" trugen, formulierte er nun skrupulöser: „Ernst Lange. Versuch eines Porträts". Je mehr er in der Welt der Erinnerung unterwegs war, desto mehr dachte er über die verschiedenen Möglichkeiten nach, die Ergebnisse der Erinnerungsarbeit zu präsentieren. In diesem Rahmen ist ihm der Unterschied zwischen einer „Biographie" und einem „Porträt" wichtig geworden.

Ein Porträt stand für ihn zwischen einer Autobiographie und einer Biographie. In beiden geht es um ein erinnerndes „Urteilen", das Selbsturteil und das Urteil von anderen. Demgegenüber malt das Porträt *mit den Farben eines Glaubens, der tiefer sieht, mit den Augen einer Liebe, die sich vor den Schatten nicht fürchtet, und setzt die Lichter einer Hoffnung auf die Transzendenz des Lebens*. In Anspielung an einen Satz von Saint-Exupéry konnte er auch sagen: *Das Porträt sieht mit dem Herzen. Gerade darum erhebt es keinen (Monopol-)Anspruch auf eine bestimmte Sicht, auf eine ausschließliche Deutung. Es grenzt nicht aus, sondern lädt ein: der Besucher/Leser soll sich seinen eigenen Vers darauf machen. Das Porträt fordert zwischen Inspiration und Tradition zur Interpretation heraus. Das soll der Leser, der Besucher leisten. Das Porträt lässt vieles offen, es ist ein unabgeschlossener Versuch.*

Eine abgeschlossene Vergangenheit zu öffnen für den Weg in eine noch nicht definierte Zukunft, für das „noch nicht", das die Vergangenheit bereithält, für dieses Ziel war in Werner Simpfendörfers Augen das Porträt das geeignete Mittel. Immer wieder zitierte er einen berühmten Satz von Ernst Lange, um den hermeneutischen Zusammenhang von Erinnerung und Zukunft zu verdeutlichen: „Die Menschen gehen daran zugrunde, dass sie Ende und Anfang nicht zu verknüpfen verstehen." Dagegen hat er angeschrieben. Er hat an der Lebensgeschichte von Personen Traditionen so vermitteln wollen, dass sie keinen Endpunkt einer

Entwicklung darstellen, sondern den Ausgangspunkt für eine neue Entwicklung. Es ging ihm um die Bindung der Erinnerung an die Zukunft, um das *Progredieren gegen das Regredieren!*

Nach allem, was er zu diesem Thema ausgeführt hat, können wir gar nicht anders, als ebenfalls den Versuch zu wagen, Werner Simpfendörfers Leben und Werk zu „porträtieren". Wir stellen uns damit den Ansprüchen, die er selbst gesetzt hat. Wir zeichnen sein Bild in Freundschaft und Zuneigung und laden ein zum Verstehen und zum Malen eines eigenen Bildes.

Unser Porträt orientiert sich an Publikationen, Reden und Tagebüchern von Werner und Elisabeth Simpfendörfer. Es bezieht sich zudem auf Tagebücher und Rückblicke der Eltern Helene und Wilhelm Simpfendörfer. Zu Interviews standen bereit die Söhne Hans-Ulrich, Christoph und Stefan, der Bruder Gerhard sowie zahlreiche Freundinnen und Freunde. Unter Letzteren sollen namentlich genannt werden: Fritz Erich Anhelm, Christoph Bausch, Werner Gebert, Konrad Raiser, Edda Stelck, Baldwijn Sjollema und Thomas Wieser. Ein besonderer Dank geht an Frau Professor Dr. Hildburg Kindt und Hans Jürgen Schultz, die beide das Manuskript sehr aufmerksam gelesen und kommentiert haben.

Die kursiv gedruckten Textpassagen sind wörtliche Zitate von Werner Simpfendörfer.

Erstes Kapitel
Ökumenische Freundschaft –
Einer von den Kleinen erhebt seine Stimme

Nach Jahren der Depression bricht Werner Simpfendörfer im September 1993 zu einer großen Reise auf: Zur ökumenischen Weltkonferenz der Laienzentren, Akademien und sozialen Bewegungen nach Montreat in den Vereinigten Staaten. Er ist voller Sorge, ob er solch ein Abenteuer körperlich und gesundheitlich verkraften wird. Zudem treibt ihn die bange Frage um, ob ihm Kollegen und Freunde aus seinen früheren Arbeitsfeldern zuhören und ihn annehmen werden. Der Abschied von der „Ökumenischen Vereinigung der Akademien und Tagungszentren in Europa" im norditalienischen Agape liegt acht Jahre zurück.

Weltweit haben einschneidende Veränderungen stattgefunden, die auch die Ökumene betreffen. Für viele ist sie nicht mehr das, was sie einmal war. Sie ist „Ökumene im Übergang" geworden, wie der Hauptredner der Konferenz, Konrad Raiser, seit 1991 neuer Generalsekretär des Ökumenischen Rates der Kirchen, in einem viel beachteten Buch im Jahre 1989 programmatisch formuliert hat. Finanzielle Einschnitte zwingen dazu, zentrale Programme des Rates zu reduzieren, ja sogar einzustellen. Die Mitgliedskirchen selbst stellen zunehmend dessen Rolle als privilegiertes Instrument der Ökumenischen Bewegung in Frage. Nicht nur die orthodoxe Familie geht auf spürbare Distanz zur Genfer Zentrale, auch andere Mitgliedskirchen setzen mehr auf konfessionelle Identität und profilieren sich eher gegen Genf, als dass sie gemeinschaftliches Vorgehen und Handeln suchen. Wie soll der mittlerweile 65-jährige Simpfendörfer, der die letzten Jahre kaum aus Hinterzarten im Schwarzwald herausgekommen ist, die richtigen Worte finden?

Zudem bringt diese Laienkonferenz eine Menge Sprengstoff auf die Tagesordnung, die Frage des Geldes droht sie zu zerreißen. Die Vertreterinnen und Vertreter des Südens – gut zwei Drittel der versammelten Delegierten kommen aus diesen Ländern – schildern die dramatischen Auswirkungen der Verschuldungskrise auf ihre Arbeit. Sie wissen, dass den Zentren des Nordens, vor allem in Europa, Millionen für Bau- und Renovierungsarbeiten zur Verfügung stehen. Sie dagegen können immer öfter eigene Tagungsstätten nicht länger erhalten. Deshalb fordern sie ein Verhalten unter Freunden – einen Bundesschluss zwischen einzelnen Zentren. In solchen Bundesschlüssen soll Freundschaft ganz konkret und materiell praktiziert werden durch Programme und Projekte des Teilens. Nur so kann der Prozess beginnen, der mit dem Konferenzthema aufgegeben ist: „Gemeinschaften der Hoffnung (zu) weben".

Vor dem Plenum der christlichen Laienbewegung, deren Gründung und Vernetzung er viele Jahre gewidmet hat, zieht Simpfendörfer die Summe seines 45-jährigen ökumenischen Lebens. Er bekennt sich zur Freundschaft als dem Wurzelboden der Ökumenischen Bewegung. Für ihn begann Ökumene als eine Bewegung von Freunden und Freundinnen. Nur Freundschaft kann sie auch motivieren, *die Hoffnung nicht aufzugeben für diese Welt*. Solche ökumenische Freundschaft ist für ihn kein *flaches und seichtes Gefühl weltumarmender Harmonie, sondern das Wagnis eines fortgesetzten Bewusstwerdungsprozesses in einer gemeinsamen Geschichte*. Sie gründet in der Sympathie, in deren ursprünglichster Bedeutung: *Freundschaft kann erlebt werden im Teilen von Freude und im gemeinsamen Feiern. Sie bewährt sich aber erst im Teilen von Leid und Schmerz. Sie wird „außerhalb des Lagers" erfahren*. Freundschaft ist deshalb für ihn im Anschluss an Dietrich Bonhoeffer die *„Kornblume am Rande des Kornfelds", wo sonst alles voll von Dornen und Disteln ist*.

In seinem Grußwort an die Versammlung beschreibt Simpfendörfer in eindringlichen Worten die Anfänge seiner ökumenischen Pilgerreise, versteht sie als Lernreise der Freundschaft. Er erinnert sich, wie er vier Jahre nach dem Zweiten Weltkrieg als junger deutscher Theologiestudent von 22 Jahren im schottischen Edinburgh mit anderen Studierenden zusammenlebte. Die meisten von ihnen kamen aus Ländern, die von deutschen Armeen erobert und verwüstet, deren Bevölkerungen unterworfen und zum Teil deportiert worden waren. Mit schrecklichen Berichten über die Ermordung von Millionen Juden, Zwangsarbeitern, Sinti und Roma und geistig Behinderten konfrontiert, versagten dem jungen Theologen alle Worte, zerbrachen ihm alle Argumente.

Doch er kann auch bekennen: In solchen schmerzlichen Begegnungen geschah für ihn ein Wunder. Er wurde als Mensch, Mitchrist und Freund akzeptiert. Er benennt deshalb als Ursprung seiner ökumenischen Lernerfahrungen *Angenommensein* und *Scham*. Ökumenische Freundschaft ist so für ihn zur lebenslangen Auseinandersetzung mit dem eigenen *kollektiven Gedächtnis* geworden. Dabei konnte und musste er erfahren: Die tiefsten Spuren des ökumenischen Gedächtnisses sind jene Narben, die durch Menschenverachtung, kulturelle Verwüstung, ökonomische Ausbeutung und politische Zerstörung geschlagen wurden.

Simpfendörfer spart in seiner Montreater Rede die Narben des eigenen Lebens nicht aus. Er spricht erstmals öffentlich über seine körperliche Behinderung von Kindheit an, stellt sich den Teilnehmerinnen und Teilnehmern der Weltkonferenz vor als einer ihrer *kleinen Freunde*. Und er entfaltet dieses persönliche Zeugnis als Fortschreibung der Bergpredigt Jesu: *Dass ich klein bin von Statur, ist unübersehbar. Viel wichtiger ist jedoch unsere geistliche Statur. Sind wir bereit und willens, zu den Kleinen „im Geist" zu gehören? Diese Kleinen haben die besten Voraussetzungen dafür, Freundschaft zu schließen und zu pflegen*. Ihnen hat Jesus verheißen, „die Erde zu besitzen" (Matthäus 5,4b).

Die Losung der Versammlung „Gemeinschaften der Hoffnung weben" bedeutet für Simpfendörfer: ökumenische Netze der Hoffnung zu knüpfen. Im Anschluss an die Leidenskataloge des Apostels Paulus im 2. Korintherbrief (zum Beispiel 6,4–10) beschreibt er das *Gewebe ökumenischer Freundschaft*, das die Welt umspannt:

*Jenseits von Kirchen und Kulturen,
jenseits von Konfessionen,
jenseits von Religionen,*

jenseits der Bitterkeit von Konflikten.
Als die Unbekannten – und doch Freunde,
als Frau und Mann – und doch Freunde,
besonders sein – und doch Freunde,
einander fremd sein – und dennoch befreundet,
zu den Habenichtsen gehören oder zu den Habenden – und dennoch Freunde,
zu den sterbenden Reichen gehören oder bei den Armen sein, die neues Leben erhalten – und dennoch Freunde!

Ökumenische Freundschaft ist für Simpfendörfer keine „billige Gnade", sie hat den Preis stetiger Rechenschaft und Veränderung. Als Summe seiner ökumenischen Lernreise – verstanden als lebenslange Arbeit an den eigenen Grenzen – benennt er auch hier die drei Aphorismen, die er seit seiner Kasseler Ehrenpromotion 1985 immer wieder vorgetragen hat:

Wir werden nur wissen, was wir tun!
Wir werden nur haben, was wir teilen!
Wir werden nur lernen, was wir leiden!

Am Ende seines Vortrages ist alles anfängliche Zittern und Zagen von ihm gewichen. Mehr noch, sein Auftritt vor Mitarbeiterinnen und Mitarbeitern ökumenischer Tagungszentren aus mehr als 70 Ländern entwickelt sich zu einem befreienden Fest. Er, der noch sechs Wochen vorher auf der Ökumenischen Sommeruniversität in Goslar im Rollstuhl zu den Veranstaltungen gefahren werden musste, lässt sich mitreißen zu einigen Tanzschritten beim Vespergottesdienst der Versammlung. Im Geist der abschließenden Festversammlung bekennt er in den Worten des Psalmisten: „Du hast meine Trauer verwandelt in einen Reigen!" (Psalm 30,12).

Wer ist dieser Mensch, dem Freundschaft zum Antrieb seiner ökumenischen Arbeit geworden ist? Der sie in eigener Gebrechlichkeit erlebt, gewoben und gefeiert hat – hoffnungsfroh als Sieg des Lebens über den Tod? Aus welchen Traditionen und Quellen schöpfte er? Von welchen Visionen und Mächten wird er getragen?

KAPITEL 2

Geborgenheit und Weite – Korntal, Neuhalde 16

Zum vierten Mal wird dem Mathematik- und Physiklehrer an der Höheren Knabenschule in Korntal, Wilhelm Simpfendörfer, am 12. Februar 1927 ein Sohn geboren. Doch dieses Mal ist alles anders. Im Gegensatz zu seinen Brüdern Gotthold (1919), Jörg (1922) und Gerhard (1924) kommt Werner nicht gesund zur Welt. Er leidet an Kyphoskoliose. Eine Sehnenverkürzung an Händen und Füßen und die Deformierung seiner Wirbelsäule sind ihre Ausprägungen, die ihn zeitlebens kleinwüchsig bleiben lassen. Nach sechs Wochen bringt ihn eine beidseitige Lungenentzündung an den Rand des Todes. Die Eltern kommen überein, die Fügung eines frühen Todes aus Gottes Hand hinzunehmen und nicht mit Gott zu richten. Als Werner die Lungenentzündung überlebt, trägt Mutter Helene in ihr Kindheitstagebuch für Werner ein: „All mein Kleinmut im Blick auf den Kampf, der dir bevorsteht, war gewichen, hatte doch Gott mit starker Hand die Führung deines Lebens übernommen, so als wollte er mir sagen: Ich übernehme die Verantwortung, die dir zu schwer sein wollte."

Die ersten Monate nach der Rettung sind qualvolle Versuche, über Streckverbände zu einer besseren Beweglichkeit von Händen und Füßen zu kommen. Erst eine Streckung unter Vollnarkose mit anschließender Eingipsung während eines Klinikaufenthalts in Stuttgart im Oktober 1929 bringt den gewünschten Erfolg. Vier Jahre braucht der jüngste Simpfendörfer-Sohn, um überhaupt laufen zu lernen. Für weitere Jahre bleibt er auf Krankengymnastik angewiesen und von manchem ausgeschlossen, was Kindern in seinem Alter offen steht. Atemnöte werden für den Kleinwüchsigen, je älter er wird, eine umso größere Rolle spielen. Trotzdem spricht er in seinen späteren lebensgeschichtlichen Rückblicken von einer glücklichen Kindheit in einem *Haus in der Sonne*.

Die Brüder Gotthold, Jörg und Gerhard (v.l.n.r.) mit dem neugeborenen Werner, 1927

Die Eltern haben 1918 geheiratet. Helene Kallenberger ist seit ihrem dritten Lebensjahr Korntalerin. Geboren wurde sie 1898 in Santiago de Chile als Kaufmannstochter. Ihre Eltern Eugen und Sofie Kallenberger sind wegen eines Familienkonflikts um die Heirat nach Chile ausgewandert. Helene ist ihre erste Tochter. Ein Jahr später folgt als zweites Kind Sofie. Während seine Frau mit der dritten Tochter schwanger ist, stirbt Eugen Kallenberger 1901 überraschend. Als alleinerziehende Mutter mit bald drei Kindern hat Sofie Kallenberger in Chile keine Zukunft. Sie kehrt zurück nach Deutschland und findet zunächst Aufnahme bei ihrer Mutter Sofie Furch in Stuttgart. Die dritte Tochter Eugenie kommt hier im März 1902 zur Welt. Korntal ist der sich anbietende Rettungsanker. Im Sommer 1902 siedelt sich die vaterlose Familie in der sich ihrem unglücklichen Schicksal annehmenden Brüdergemeinde an.

Wilhelm Simpfendörfer kommt 1910 nach Korntal. Er ist 1888 in Neustadt an der Hardt/Pfalz als unehelicher Sohn geboren worden und, nachdem seine Mutter in eine Bauernfamilie eingeheiratet hatte, in Brettach bei Heilbronn aufgewachsen. Nach Schulabschluss und Lehrerseminar wird er für seine erste Lehrerstelle an die Höhere Knabenschule in Korntal gewiesen. Mit dieser Stelle beginnt er mehr als eine normale Lehrerkarriere. Korntal ist ein Inbegriff des schwäbischen Pietismus.

Der Geist von Korntal

Die Evangelische Brüdergemeinde Korntal war 1819 gegründet worden, um der Auswanderung der Pietisten aus Württemberg eine Alternative entgegenzusetzen. Missernten 1816 und 1817 und die staatliche Einflussnahme auf die gottesdienstliche Frömmigkeit trieben viele Fromme ins Exil. Ein neues, dem Gedankengut der Aufklärung angepasstes Gesangbuch und eine gleichermaßen veränderte Taufliturgie war den Gemeinden aufgezwungen worden, die privaten Hauskreise zum Zweck gemeinsamer Bibellektüre wurden unter Verschwörungsverdacht bespitzelt und dann auch gesetzlich verboten. 1817 waren es über 17 000 Menschen, die auswanderten.

Gottfried Wilhelm Hoffmann, kaiserlicher Notar und „Amtsburgermeister" (Landrat) von Leonberg, gelang es in dieser Situation, König Wilhelm I. davon zu überzeugen, dass der Verlust von Landeskindern durch die Gründung einer pietistischen Brüdergemeinde zu stoppen sei. Sie müssten nur mit dem Privileg ausgestattet werden, ein freies Leben nach ihren Idealen führen zu dürfen. Die ökonomischen Voraussetzungen hatte Hoffmann im Alleingang gegen seinen pietistischen Widersacher Michael Hahn durch den Ankauf des abgewirtschafteten Rittergutes Korntal geschaffen. Er wählte für sein Projekt bewusst 68 „vermögliche" Familien aus, die sich selbst ernähren konnten und denen es vorrangig um Gewissensfreiheit ging; den radikalen, obrigkeitskritischen Flügel des Pietismus schloss er aus.

So entstand mitten in Württemberg ein Freiraum, eine Gemeinschaft nach dem Vorbild neutestamentlicher Gemeinden aufzubauen. Ihre Basis war die persönliche Entscheidung für Christus, ihr besonderer Vorzug das Privileg, betroffene Mitglieder vom Militärdienst freikaufen zu können. Die Evangelische Brüdergemeinde Korntal funktionierte als Modell. Sie hielt viele Auswanderungswillige gegen den Sog nach Osten im Land. Dorthin hatten die Versprechen des Rechtes der freien Religionsausübung, der Befreiung vom Kriegsdienst, des Landbesitzes und der kommunalen Selbstverwaltung durch die russischen Zaren gelockt; nun gab es dies auch in Württemberg. Und wer in der weit verbreiteten Erwartung vom nahe bevorstehenden Ende der Welt – Johann Albrecht Bengel hatte aus den Zahlenangaben der Johannes-Apokalypse das Jahr 1836 errechnet – meinte, im Osten dem wiederkommenden Messias besonders nahe sein zu sollen, der fand nun auch in Korntal Verfahrensweisen vor, die dieser Erwartungshaltung entsprachen. Was anderen als skurril erscheinen mag, erfüllt bis heute echte Korntaler mit Stolz. So wird auch Werner Simpfendörfer zeitlebens dankbar auf die *Zeichen der Hoffnung* zurückblicken, die sein Heimatort Korntal ihm auf seinen Lebensweg mitgegeben hat. Er profiliert sie stärker sozial als andere Quellen. Für ihn kennzeichnen sie einen Lebensstil, der *unterwegs ist, den die Hoffnung prägt*: *Statt einer Kirche wurde lediglich ein „Saal" gebaut, der, wie die übrigen Häuser der Korntaler, ja nur noch anderthalb Jahrzehnte aushalten musste. Für die Alten und Kranken wurde eine „Jerusalemskutsche" angeschafft, mit der sie in der Stunde der Wiederkunft dem Herrn entgegenfahren konnten. In der gleichen Erwartung legten die Bauern, ehe sie die Arbeit auf dem Feld aufnahmen, ihren Rock am Ostrand des Ackers nieder, um im entscheidenden Moment nicht zurücklaufen zu müssen, die Jacke zu holen – der Herr wurde vom Osten kommend erwartet!* Andere Autoren sprechen etwas vorsichtiger nur von einem Bauern, der seinen Sonntagsrock am Feldrand ablegte, und geben der „Jerusalems- oder Hochzeitskutsche" die Funktion, die „Braut Christi", die Gemeinde, sprich: den Brüdergemeinderat als den Repräsentanten der Gemeinde, im Fall des Falles dem Bräutigam zuzuführen.

Diakonische und pädagogische Einrichtungen standen von Anfang an im Zentrum des Gemeindelebens. Ein Knaben- und ein Töchterinstitut als Höhere Schulen mit Internaten sorgten für eine streng geschlechtsspezifische Erziehung junger Menschen in einer christlichen Lebensgemeinschaft, für die ab 1880 der württembergische Lehrplan maßgeblich für den Unterricht war.

Zugleich wurde ein enger Kontakt zur evangelischen Weltmission gesucht. Ein „Missionarshaus" wurde für Missionarsfamilien im Heimaturlaub zur Verfügung gestellt; berühmte Missionsgestalten des 19. Jahrhunderts wie Ludwig Krapf und Johannes Rebmann, die lange in Ostafrika gewesen waren, fanden ihr Altenteil in Korntal und liegen hier auf dem Friedhof begraben. Intensive Beziehungen wurden zur Basler Mission gepflegt, die besonders in Ostasien und Afrika tätig war. In ihrem Auftrag hatte sich auch Johannes Hesse, der Vater des Schriftstellers Hermann Hesse, nach Südindien an ein Predigerseminar schicken lassen, wegen Tropenuntauglichkeit aber nur kurz dort wirken können. Auch er war nach langen Arbeitsjahren im Missionsverlag in Calw im Ruhestand, fast erblindet, nach Korntal übergesiedelt und hat dort auf dem neuen Friedhof sein Grab gefunden.

Es ist die Gesamtheit der charakteristischen Besonderheiten der Evangelischen Brüdergemeinde Korntal im 19. Jahrhundert, die sie für Werner Simpfendörfer zum diasporafähigen *Paradebeispiel einer Kirche ohne Kirchensteuern, mit einer demokratischen Grundordnung, mit einem evangelischen Selbstbewusstsein* machen wird.

Die Eltern: Familiengründung im Krieg

Wilhelm Simpfendörfer war es recht, dass ihn die Schulbehörde nach dem Abschluss des Lehrerseminars an die Höhere Knabenschule in Korntal wies. Mit 16 war er, der bis dahin davon ausgegangen war, in die Fußstapfen des Stiefvaters zu treten und auch Bauer zu werden, über Freunde in Berührung mit pietistischen Kreisen gekommen. Als Kindergottesdiensthelfer hatte er seine pädagogischen Begabungen entdeckt. Dass es in Korntal nicht nur darum ging, Klassen zu unterrichten, sondern für die Internatsschüler auch eine Erziehungsrolle in Vertretung der Eltern zu übernehmen, kam ihm entgegen. Zum Ärger seiner älteren Kollegen erwarb er sich schnell das Vertrauen der Schüler, weil er im Turnunterricht das eigentlich in Korntal als zu grob verpönte Fußballspiel pflegte. Über eine Krankheitsvertretung stieg der Elementarklassenlehrer zum Mathematiklehrer der Oberklassen auf. Später kamen noch Biologie und Physik als Fächer hinzu. Ein Lehrer durch und durch, dessen Zugewandtheit zu den Schülern mit autoritärer Strenge bis hin zu Prügelstrafen einherging. So erfüllte er einerseits die konservativen Normen eines gestrengen Erziehers, andererseits hatte er eine reformpädagogische Seite.

1914 lässt sich Wilhelm Simpfendörfer nicht anstecken vom kaiserlich vertretenen Wahn, Deutschland sei sowohl von Osten und als auch von Westen her von Todfeinden bedroht, die bis an die Zähne bewaffnet seien und seinen Untergang planten. Er verhält sich distanziert zum unvorstellbaren Sturm der Begeisterung für Opfer und Dienst zur Rettung des bedrohten Vaterlandes, der auch Korntal in seinen Bann nimmt, und kümmert sich um die Freistellung für den Schuldienst. 1916 aber trifft auch ihn die Mobilmachung, im Mai muss er einrücken.

Er tut dies nicht, ohne vorher eine Klärung für sein persönliches Leben auf den Weg gebracht zu haben: Am 16. April 1916 feiert er öffentlich Verlobung mit Helene Kallenberger.

Bereits an seinem ersten Korntaler Arbeitstag am 10. April 1910 hatte er vom schweren Schicksal der Familie Kallenberger erfahren, als ihm bei seiner Rückkehr vom nachmittäglichen Stuttgart-Ausflug im Zug nach Korntal die drei Kallenberger-Töchter Helene, Sophie und Eugenie vorgestellt wurden. Damals ahnte er freilich noch nicht, dass Helene sechs Jahre später seine Braut werden würde.

Der Krieg bringt ihm erschütternde Erlebnisse an der Westfront in Verdun und Flandern ein. Mehrfach dem eigenen Tod nur knapp entgangen zu sein und den von Kameraden hinnehmen zu müssen, mag eine Erfahrung gewesen sein, die ihn motiviert, noch während des Krieges im Rahmen einer Urlaubsgenehmigung den nächsten Schritt nach der Verlobung zu tun.

Am 22. Mai 1918 wird in Korntal Hochzeit gefeiert. Seine Frau Helene hatte sich ihrerseits auf die Familiengründung durch ein Haushaltsjahr in der christlichen Stuttgarter Großkaufmannsfamilie Müller vorbereitet. Sie lernte hier nicht nur kochen, sondern beaufsichtigte auch die Knaben Manfred, Bernhard und Eberhard, von denen vor allem Eberhard später die Rolle des väterlichen Freundes für ihren jüngsten Sohn Werner spielen sollte.

Der Vater als Politiker

Das Ende des Ersten Weltkriegs erlebt Wilhelm Simpfendörfer mit seiner jungen Frau in Berlin. Der Stürmung der Kaserne durch Revolutionäre kommen die Kasernenangehörigen zuvor, indem sie sich dem neuen Reichspräsidenten Ebert als Ordnungsmacht andienen. Dieser erlegt ihnen als ersten Schritt die Gründung eines Soldatenrates auf. Sofort setzt sich ein fremder Kompaniechef in einem die Soldaten überrumpelnden Wahlakt an dessen Spitze. Wilhelm Simpfendörfer ist empört über diese Form der Selbstermächtigung, schwingt sich auf einen Militärkarren, ficht, über der Masse thronend, die Wahl an und schlägt den eigenen Kompaniechef vor. 2 000 Soldaten stimmen ihm zu. Eine politische Karriere beginnt – die Erfahrung, dass man die Meinung der Masse beeinflussen kann, wenn man den nötigen Mut und gute Argumente besitzt, prägt Wilhelm Simpfendörfer so nachhaltig, dass er nach seiner Rückkehr nach Korntal berufsbegleitende wissenschaftliche Ambitionen aufgibt und politische an ihre Stelle setzt.

Er wird Gemeinderat in Korntal (1919 bis 1930). Dem Drängen, in die Deutschnationale Volkspartei einzutreten, hält er anders als viele evangelische Kirchenleute stand. Stattdessen baut er ab 1924 mit seinem Freund Paul Bausch über Kontakte zu ähnlichen Initiativen in Bethel und Nürnberg den „Christlich-Sozialen Volksdienst" (CSVD) auf, der bewusst den Namen „Partei" vermeidet. Als dessen Landesvorsitzender geht er in die Landespolitik und zieht 1930 – nach der Reichsgründung des CSVD

1929 – als Reichsvorsitzender in den Berliner Reichstag ein, zusammen mit 13 weiteren CSVD-Abgeordneten. Er wird der Fraktionsvorsitzende der neuen Gruppierung im Reichstag.

Wilhelm Simpfendörfers politische Visionen sind von Korntal gespeist. Der Gleichheit aller Menschen vor Gott hat die Brüdergemeinde in vielen Formen Ausdruck verliehen. So sind in ihrer Friedhofsanlage nur gleich gestaltete, liegende Grabsteine zu finden. Das Gleichheitspostulat und kommunalisierte Wirtschaftsformen wie das gemeinschaftliche Grundstückseigentum der Brüdergemeinde sollen für ihn auch das politische Gemeinwesen prägen. So schaut er kritisch auf die ideologischen Kämpfe politischer Parteien, die die Gemeinschaft auseinander zu reißen drohen. Dies gilt umso mehr angesichts der Gefahren einer Rechtsradikalisierung durch eine politische Repräsentanz ehemaliger Frontsoldaten. Für die politische Gemeinde Korntal finden die Freunde Bausch und Simpfendörfer eine geniale Lösung: Sie schließen das Auftreten von Parteien bei Gemeinderatswahlen aus. Bis 1932 werden die Gemeinderäte als Delegierte der Berufsgruppen gewählt.

Für Wilhelm Simpfendörfer gehört politisches Wirken zu den unabwendbaren Christen-Pflichten. Im Zusammenschluss des CSVD tun sich den „ernsten Christen" (Wilhelm Simpfendörfer), die in den etablierten Parteien für sich keine Möglichkeit sehen, neue Gestaltungschancen auf. In seinem Einsatz für eine „Politik aus Glauben und Gehorsam" unterscheidet er freilich streng die Aufgaben einer politischen Organisation von denen der christlichen Gemeinde. Die Lösung politischer Einzelfragen direkt aus der Bibel abzuleiten ist für ihn ausgeschlossen. Christliche Politik hat für ihn die „enge Verbundenheit mit Gott und Christus" mit einem „für die sachlichen Notwendigkeiten geschärften Blick" zusammenzubringen. So kann für den „Schutz natürlicher Ordnungen (Familie)", den „Schutz der wirtschaftlich Schwachen und Unterdrückten" und die „Erfüllung der Forderungen der sozialen Gerechtigkeit" eingetreten werden.

Die volksmissionarische Beeinflussung der Öffentlichkeit auf allen Ebenen der Medienarbeit hat dabei sogar den Vorrang vor der parlamentarischen Arbeit. Im Januar 1925 übernimmt er die Redaktion des Wochenblattes „Christlicher Volksdienst" und führt nach dem Ausschluss aus dem Reichstag 1933 als Herausgeber der Wochenzeitung „Evangelischer Weg" die politische Arbeit auf dem Medienweg weiter, bis auch diese 1938 verboten wird.

Gegenüber dem Machtanspruch der Nazis erweisen sich die politischen Konstruktionen des CSVD als zu naiv. Aus gewissen außen- und landwirtschaftspolitischen Übereinstimmungen zur Revision des Versailler Vertrags und zur Förderung des Bauerntums stimmt die CSVD-Fraktion dem Ermächtigungsgesetz Hitlers 1933 zu und versucht für kurze Zeit noch, über einen Hospitationsstatus bei der NSDAP-Fraktion Grundvoraussetzungen parlamentarischer Arbeit zu retten. Der Versuch erweist sich schnell als sinn- und würdelos. Es bleibt nur die Selbstauflösung des CSVD. Das Scham- und Schuldgefühl, in der besonderen Herausforderung des Jahres 1933 politisch versagt zu haben, wird Wilhelm Simpfendörfer nie mehr verlassen. Nur begrenzt entlastet ihn, was er später erfährt: Sein Freund Paul Bausch und er bleiben nur durch den Einspruch des nationalsozialistischen württembergischen Ministerpräsidenten Christian Mergenthaler, der als soeben ernannter Ehrenbürger seines Wohnortes Korntal nicht gleich einen Skandal brauchen kann, 1933 vor der Internierung im Konzentrationslager bewahrt.

Die Kindheit: Gefahren und Geborgenheit

Im Vater also begegnet den vier Simpfendörfer-Brüdern ein gutes Stück Korntaler Identität mit einer auf öffentlich-politische Wirkungen abzielenden Öffnung. *Das Leben unseres Elternhauses stand im weltweiten Horizont des Reiches Gottes, wie Zinzendorf und Blumhardt es verstanden. Ihm wollte unser Vater dienen. Im Christlich Sozialen Volksdienst hat er versucht, die Grundkräfte der Solidarität, der Aufrichtigkeit und der Utopie politisch auszumünzen.*

Ein grundlegend ökumenischer Geist kommt aber mehr noch als über den Vater über die Mutter ins Elternhaus. Mit ihrer

Geschichte ziehen Migrationserfahrungen und ökumenische Prägungen in das Familienleben ein. *Das Fremde war ihr nicht fremd.* Aus der Zeit in Santiago de Chile hält sich ein intensiver Freundschaftskontakt zur britischen Familie Fraser, der dazu führte, dass Werner Simpfendörfers jüngste Tante Eugenie („Ege") den Fraser-Sohn Hugh heiratet und mit ihm als Missionarsehepaar nach Indien geht. *Ich erinnere mich an einen Inder, den Onkel Hugh mit nach Korntal brachte und der mit uns Ferien im Schwarzwald machte. Er hieß Mr. Chatterchee.* Großmutter Sophie Kallenberger lebt mit der Familie Simpfendörfer im Haus zusammen und übernimmt eine wichtige Erziehungsfunktion für die Söhne, vor allem für den jüngsten. *Eine freundliche, kleine, etwas kränkliche Frau, die über 50 Jahre ihres Lebens als Witwe zubringen musste und die mich mit liebevollem Ernst durch die Jahre der Kindheit geleitet hat.* Großmutter und Mutter sind eifrige Sympathisantinnen der Basler Mission und verstärken innerfamiliär die ohnehin gegebene Missionsorientierung in Korntal. Der Tisch in der Familie Simpfendörfer ist immer voll besetzt. *Um unseren Esstisch herum saßen zehn oder zwölf Buben, denn meine Eltern hatten „Pensionäre", deren Eltern, meist kleine Geschäftsleute, keine Zeit hatten für ihre Sprösslinge. Für die kochte, wusch und putzte meine Mutter, unterstützt von fleißigen Dienstmädchen.* Nach dem Nachtessen wird täglich eine Familienandacht gehalten – der Vater liest einen Bibelabschnitt, die Mutter begleitet einen Choral auf dem Klavier, es folgen Gebet und Segen.

Aufgrund seiner Behinderung kommt Werner erst 1934 mit einem Jahr Verspätung in die Grundschule, holt den Rückstand aber als überaus intelligenter Schüler durch das Überspringen der 4. Klasse noch in der Grundschulzeit wieder auf. Im biographischen Gedächtnis bleiben nicht die Qualen der medizinischen und therapeutischen Behandlungen und die vielen Erfahrungen, als behindertes Kind zurückgesetzt zu sein, prägend haften, sondern Bilder einer besonderen Solidarität, die ihm in der Familie widerfährt. Da ist das Bild des Vaters, der *oft hart bis zur Ungerechtigkeit sein konnte* und *im gleichen Atemzug voller Mitgefühl, Zartheit, Fürsorglichkeit: Es gab keinen Morgen, an dem nicht diese Autorität, der*

Vater, mit mir, dem kleinen sieben- oder achtjährigen ängstlichen, von vielen Schulkameraden verlachten Büblein an der festen Hand in die Schule marschiert ist!

Hinzu gesellt sich ein Bild des Bruders Jörg aus dem Jahr 1931. Jörg kann eines Sonntagmorgens die Tränen seines vierjährigen Bruders nicht mehr aushalten. Wieder einmal durfte dieser nicht mit den älteren Brüdern zur Sonntagsschule gehen, weil seine schwachen Beine den Weg zur Kirche noch nicht schaffen würden. Jörg, selbst gerade erst neun Jahre alt, packt den Bruder, lädt ihn sich auf den Rücken und trägt ihn den Weg zur Kirche. Aus der Kirche kommen die Eltern entgegen und sind entsetzt über das Bild, das sich vor ihren Augen auftut. „Ach", ruft Jörg ihnen im Vorbeigehen zu, „der Liebe wollte doch auch in die Sonntagsschule. Da habe ich ihn halt mitgenommen." Von diesem Sonntag an ist Werner beim wöchentlichen Höhepunkt im Korntaler kindlichen Leben dabei, bei dem die biblischen Geschichten nicht nur in der Kraft erzählender Worte, sondern auch in der Anschaulichkeit farbiger Ölbilder erstrahlen.

1937 wird die Höhere Knabenschule der Brüdergemeinde von den Nationalsozialisten genommen und zur staatlichen „Ulrich-von-Hutten-Oberschule" gemacht. Von nun an prägen endgültig Konflikte zwischen Lernen, Gehorchen und Glauben im problematischen Ineinander und Gegeneinander von Schule, Hitlerjugend und christlicher Gemeinde den Alltag der Jugendlichen in Korntal, auch für Werner. Er will dazugehören, auch Jungenschaftsführer wie Klassenkameraden werden. Doch in der HJ mit ihrer militarisierten Verhärtung häuft er nur Erfahrung auf Erfahrung *des Versagens, körperlicher Unzulänglichkeit, an Demütigungen* an. *Als dann unser „Fähnlein 4/427" zum Abschluss des jährlichen Wettkampfs zwischen den zehn Fähnlein des Jungbanns zum abschließenden Paradesmarsch vor dem Jungbannführer, auf der Tribüne gegenüber dem Großen Schülerheim stehend, defilierte, musste ich mich unter dem Tribünendach verstecken. „Du störst das Bild!", hieß es.*

Für Ausgleich sorgt der Schülerbibelkreis von Landesjugendpfarrer Manfred Müller, den er jeden Donnerstagabend mit seinem Freund Christoph Bausch, dem Sohn von Paul Bausch,

Die Brüder Gotthold, Gerhard und Jörg (hintere Reihe, v.l.n.r.), Mutter Helene, Werner, Vater Wilhelm (vordere Reihe, v.l.n.r.), 1938

besucht. Kleine Triumphe im Weltanschauungskampf erfreuen die Seele. Am Konfirmationssonntag Ende März 1941 setzt die HJ auf 14 Uhr einen Sonderappell mit der Vereidigung auf den Führer Adolf Hitler an. *Drei Stunden zuvor waren wir auf Jesus Christus eingeschworen und eingesegnet worden. Nun sollte uns, unseren Eltern und Paten demonstriert werden, wem wir in Wirklichkeit gehörten!* Der mutige Auftritt zweier christlicher Väter, verdiente Offiziere, bewirkt, dass die Vereidigungsfeier ihren öffentlichen Charakter verliert und nur in der Turnhalle hinter verschlossenen Türen durchgeführt werden kann. Sie waren in Uniform dem Fähnleinführer auf dem Appellplatz schneidig entgegengetreten und hatten ihm gedroht, sich an höchster Stelle zu beschweren. *Das sprach sich weit herum und verlieh unserem Konfirmationstag doch noch eine gewisse triumphale Note: Wir lassen uns nicht einfach alles widerspruchslos gefallen!*

In Schulkonflikten kann mancher Schüler durch das Zusammenstehen christlicher Lehrer vor dem Verweis von der Schule bewahrt werden. Besondere List der Geschichte: Dank der Belesenheit des Vaters und seiner ausgeprägten Liebe zu Conrad Ferdinand Meyers Dichtung „Huttens letzte Tage" – er hatte sie im Mai 1916 seiner Braut zur Verlobung geschenkt – steht zumindest innerfamiliär Ulrich von Hutten, der neue NS-Namenspatron der Schule, für Erziehungsziele, die dem Nationalsozialismus gerade entgegenwirken. Der Hutten Meyers taugt wenig zum strahlenden deutschen Helden, sondern verkörpert das Gegenmodell einer Widerstandsfigur, die von sich sagt: „Ich bin kein ausgeklügelt Buch, ich bin ein Mensch in seinem Widerspruch!" Tief prägt sich dieses Zitat dem Zehnjährigen ein, immer wieder wird er es später auf Freunde und Verwandte anwenden.

In der Tradition Huttens auf seinem Eigensinn beharrend, lässt sich Vater Simpfendörfer nicht ideologisieren und wird neben seinem Lehrerdasein zum erfolgreichen Obstbauern in seinem „Gütle". Die älteren Brüder machen im Studium schmerzliche Erfahrungen, dass die Zugehörigkeit zum verbotenen evangelischen Bibelkreis Ausschluss- und Denunziationsgefahr bedeutet. Bruder Gerhard vermittelt 1944 dem in Stuttgart als Stadtpfarrer mit Spezialaufgaben untergekommenen abgesetzten Hochschullehrer Helmut Thielicke und seiner Familie nach der Ausbombung ein Exil in Korntal. Bereits aus den Schilderungen Gerhards war Thielicke neugierig geworden auf das eine besondere Wärme ausstrahlende Klima in der Simpfendörfer-Familie und kann sich nun selbst davon überzeugen. So lernt auch der siebzehnjährige Werner den berühmten Prediger, der die Vortragssäle zu füllen versteht, aus der Nähe kennen. Im Vater Wilhelm Simpfendörfer entdeckt Thielicke einen politischen Vertrauten und hinterlässt ihm ein gefährliches politisches Gut zur Aufbewahrung: drei Exemplare der „Freiburger Denkschrift". Auf Anregung von Dietrich Bonhoeffer hatte in diesem Manifest der Freiburger Kreis, eine Gruppe oppositioneller Wirtschaftswissenschaftler, Juristen und Theologen protestantischer und katholischer Herkunft um Walter Eucken und Gerhard Ritter, seine Vorstellungen für eine demokratische Neuordnung nach dem Zusammenbruch des NS-Regimes niedergelegt.

Mutter Helene bringt Licht aus einer ganz anderen Welt in das Dunkel der Kriegszeit. Sie, die literarisch Interessierte, genießt die einige Jahre währende Hausgemeinschaft mit Marulla Hesse, der Schwester Hermann Hesses, und lässt sich von ihr in das Werk ihres berühmten Bruders einführen. Von Marulla ermutigt, nimmt sie einen Briefwechsel mit Hermann Hesse auf und darf teilhaben an der Entstehung des 1943 in Zürich erscheinenden „Glasperlenspiels". Ihre eigenen künstlerischen Ambitionen haben sich früh auf den jüngsten Sohn Werner übertragen und ihm kreative Handlungsfelder eröffnet. Ins Familiengedächtnis schreibt sich der Ausspruch des Siebenjährigen ein, *Schrift- und Gedichtsteller* werden zu wollen. Früh übt er sich auch als Übersetzer. Als Fünfzehnjähriger schenkt er seiner Mutter eine eigene illustrierte Übersetzung des berühmten englischen Kinderbuches „Doktor Dolittle" (erschienen 1920) zum Geburtstag.

Bewährungsproben bei Kriegsende

Der achtzehnjährige Gymnasiast Werner versieht seit Oktober 1944 als Kriegsverpflichteter Dienst in der Rathausverwaltung. Nach dem Einmarsch der Franzosen wird er unversehens zum allein übrig gebliebenen Repräsentanten des Rathauses und des Standesamtes. Er muss die „standesamtliche Bestattung" der acht umgekommenen Korntaler Bürgerinnen und Bürger vornehmen, Passierscheine zum Überschreiten der Besatzungszonengrenzen ausstellen und der befreundeten Familie Bengel eine Todesnachricht überbringen. Im Rathaus war ihm eine lederne Kartentasche übergeben worden, die einem gefallenen Soldaten bei Kirchheim/Teck abgenommen worden war. Beim Öffnen der Tasche stellte sich heraus, dass sie Schulfreund Gerhard Bengel gehörte, der bei der Auflösung der Truppe auf der Flucht zu seinem Kirchheimer Pfarrersonkel in einen Feuerhagel der Amerikaner geraten war. Auch Familie Simpfendörfer muss einen gefallenen Sohn beklagen. Gotthold, der Älteste, kehrt aus dem Russlandfeldzug nicht zurück.

Nach knapp zehn Tagen von seiner Alleinverantwortung im Rathaus „erlöst", wird Werner mit einigen anderen Jugendlichen Fahrradkurier im Auftrag der Württembergischen Kirchenleitung, um die Kirchengemeinden den Neckar entlang und den Schwarzwald hinauf mit Nachrichten zu versorgen. Es ist – im Mai 1945 – eines der ersten Kommunikationsnetze im neuen Deutschland, an dem er mitbauen darf. Auf dem Fahrrad endet auch seine Korntaler Kindheit und Jugend. Am 2. Juli 1945 radelt er von Korntal nach Tübingen und nimmt im Evangelischen Stift das Theologiestudium auf. Ein neuer Lebensabschnitt beginnt, aber *Korntal, Neuhalde 16,* das *Haus in der Sonne,* wie es von Besuchern genannt wird, bleibt sein *Wurzelboden,* ein Heimat gebender Boden mit *ökumenischer Erde.*

Es ist nicht zufällig diese biblische Begrifflichkeit, in die Werner Simpfendörfer in einer großen Rede beim Familienfest zu seinem 70. Geburtstag am 12. Februar 1997 seine Korntaler Vergangenheit hineinstellt. Mit dem Satz „Nicht du trägst die Wurzel, sondern die Wurzel trägt dich" (Römerbrief 11,18) hatte der Apostel Paulus der Gemeinde in Rom die christlich-jüdischen Verhältnisse zurechtgerückt und vor dem Vergessen der Verankerung im Judentum gewarnt. Es ist gute Korntaler Praxis, biblische Sätze im eigenen Leben lebendig werden zu lassen.

Getragen zu sein, das ist die Erfahrung, die bei ihm lebenslang aus der Korntaler Kindheit haften bleibt, nicht die Gebrechen, die Demütigungen, die ethischen Überforderungen in der HJ- und Flakhelfergeneration. Um das zu formulieren, was er aus „seinem Korntal" mitgenommen hat, leiht er sich 1994 für seinen Festvortrag zum 175. Gemeindejubiläum in Korntal die kongenial empfundenen Worte eines anderen aus. Beim blindgeborenen Sprecherzieher Rainer Unglaub hatte er gelesen: „Ich traue den Menschen. Ich kann es mir nicht leisten, ihnen nicht zu trauen. Ob ich über eine Straße gehe, ob ich mich in einem fremden Haus zurechtfinden muss – ich gehe davon aus, dass mir keiner Böses will. Ein Mensch, der mit einer Behinderung geboren wurde, ist auf Grundfragen zurückgeworfen. Einer, der Leiden und Gebrechen am eigenen Leib erfahren hat, ist prädestiniert, mehr zu sehen als andere. Ich traue den Menschen. Ich habe von Kindheit an das Gefühl, ich liege mit dem Rücken auf dem Wasser, das Gesicht dem Himmel zugewandt, und werde getragen." Das entliehene Bild ist umso bemerkenswerter, als es eine Utopie enthält, die für Werner Simpfendörfer nie Wirklichkeit werden konnte. Er hat sich gegen seine körperlichen Grenzen an vielen Sportarten versucht, aber er konnte nicht schwimmen.

Kapitel 3

Theologus Viator –
Auf der Suche nach Identität

Schon mit sechzehn Jahren hat sich Werner Simpfendörfer – seinen drei Brüdern folgend – für das Theologiestudium entschieden. Die Korntaler Atmosphäre, der Einfluss des Schülerbibelkreises von Landesjugendpfarrer Müller, vor allem aber die Spaziergänge mit dem seit 1944 in Korntal lebenden Theologen Helmut Thielicke bestärken ihn in dieser frühen Entscheidung. Der Start in Tübingen 1945 beginnt jedoch mit einer bösen Überraschung. Das im letzten Kriegsjahr zugebilligte „Notabitur" wird an der Universität nicht anerkannt. So muss er neben der Hebräisch- und Griechischprüfung in den ersten drei Semestern eine Hochschulergänzungsprüfung ablegen. Simpfendörfer wohnt seit Anfang Juli im Evangelischen Stift. Die Tür zu dieser Domäne zukünftiger württembergischer Pfarrer wird ihm nicht zuletzt durch ein Gutachten des Korntaler Pfarrers Maurer geöffnet. Allen Argumenten gegen seine Aufnahme aufgrund seiner Behinderung setzt dieser die bisherigen Erfolge im alltäglichen Kampf mit seinen körperlichen Gebrechen entgegen.

Politische Aufbrüche und familiäre Belastungen

Bei seinem theologischen Start sind ihm seine Brüder Jörg und Gerhard große Vorbilder. Sie alle sind – darin dem Vater folgend – umgetrieben von den Fragen nach dem „inneren Neuanfang" nach den Zusammenbrüchen in den Jahren des Nationalsozialismus und des Zweiten Weltkrieges. Das Stuttgarter Schuldbekenntnis des Rates der Evangelischen Kirche in Deutschland vom Oktober 1945 markiert in den Diskussionen der Simpfendörferfamilie einen solchen Anfang. Karl Barth wird von allen verehrt.

Seine Autorität als Kopf und Herz der Bekennenden Kirche weckt in vielen Studierenden dieser Jahre die Leidenschaft für die Theologie als Wissenschaft.

Den Vater führt die Sorge um die Zukunft des deutschen Volkes zur Mitarbeit bei der Gründung der CDU in Württemberg als einer Partei, die – auf der Grundlage gemeinsamer Verfolgungserfahrungen der Kirchen – die Gräben zwischen Protestanten und Katholiken überbrücken soll. Mit Helmut Thielicke diskutiert er Überlegungen, *im evangelischen Volk das Bewusstsein und die Erkenntnis von der politischen Dienstpflicht aller evangelischen Christen wieder zum Leben* zu erwecken. Mit dem Interesse, eine Führungsschicht für diese Aufgabe fortzubilden, beteiligt er sich an der Diskussion von Plänen zur Errichtung einer Evangelischen Akademie, die Thielicke – mit Erfolg – dem Stuttgarter Oberkirchenrat, der Leitung der Württembergischen Landeskirche, vorträgt.

Werner Simpfendörfers Studienweg führt von Tübingen aus zunächst nach Bonn und dann nach Basel. Bruder Jörg hat schon 1946 in Bonn ein Semester studiert und Karl Barth gehört. Die Brüder Gerhard und Werner zieht es im Gefolge von Bruder Jörg im Sommersemester 1947 mit 40 weiteren Stiftlern – auf einem offenen Lastwagen anreisend – zu dem großen theologischen Lehrer nach Bonn, wo sie als Gasthörer eingeschrieben sind. Werner Simpfendörfer knüpft engere Kontakte zu Charlotte von Kirschbaum, der Mitarbeiterin von Barth. Mehr als zehn Jahre bleiben sie über eine Brieffreundschaft verbunden. Schriften von Karl Barth mit persönlichen Widmungen schmücken sein spärliches Bücherregal jener Jahre. Jörg Simpfendörfer gelingt es, im Sommer 1947 den großen Theologen im Rahmen einer von dessen Vortragsreisen in Süddeutschland nach Korntal einzuladen, wo Barth das politische Gespräch mit dem Vater Wilhelm sucht, der zu diesem Zeitpunkt in heftiger öffentlicher Kritik steht.

Vater Simpfendörfer ist 1946 Abgeordneter der Vorläufigen Volksvertretung geworden. Innerhalb einer Allparteienregierung unter Reinhold Maier ist er vom 10. Dezember 1946 bis zum 31. März 1947 Kultusminister des Landes Württemberg-Baden. Als in der Presse Angriffe gegen ihn, Reinhold Maier und Theodor

Werner Simpfendörfer als Student in Korntal

Heuss wegen ihrer Zustimmung zum Ermächtigungsgesetz erhoben werden, tritt Simpfendörfer – als Einziger von den öffentlich Angegriffenen – zurück und beantragt die Aufhebung seiner Immunität, um eine objektive Untersuchung zu ermöglichen. Der vom Landtag eingesetzte Untersuchungsausschuss legt im April 1947 seine Ergebnisse vor und billigt den sogenannten Jasagern das Recht auf politischen Irrtum zu. Während die Spruchkammer das Verfahren gegen Reinhold Maier und Theodor Heuss fallen lässt, wird Wilhelm Simpfendörfer im August 1947 in die Gruppe der „Minderbelasteten" eingereiht. In einem neuen Verfahren wird er am 28. Februar 1948 – auf der Grundlage neuer Dokumente – zum „Nichtbetroffenen" erklärt. Dabei wird festgestellt, der Beschuldigte habe einen unwiderlegbaren Beweis eines über zwölf Jahre währenden aktiven Widerstandes gegen den Nationalsozialismus erbracht.

Werner Simpfendörfer beschreibt später die Folgen dieser Anklagen: *Als er (der Vater) aus der Berufungsverhandlung herauskam, hatte er (und seine Familie) drei Jahre politisches Spießrutenlaufen, gesellschaftliche Isolierung, Berufsverbot und finanzielle Nullrunden hinter sich.* Wilhelm Simpfendörfer hat nach dem Zeugnis seines Sohnes Werner unter seiner Fehlentscheidung, der Zustimmung zu Hitlers Ermächtigungsgesetz, obwohl *öffentlich bereut, ein Leben lang gelitten.* Einer öffentlichen Debatte, die andere ausgesessen hatten, hatte der Vater sich – so der Sohn – auf Grund seines christlich-pietistischen Gewissens gestellt und stellvertretend für andere gebüßt. 1948 nimmt Wilhelm Simpfendörfer seine politische Tätigkeit wieder auf und wird Vorsitzender der CDU in Nordwürttemberg. 1953 holt ihn Ministerpräsident Gebhard Müller erneut als Kultusminister in sein Kabinett. Dieser Aufgabe bleibt er auch treu, als Gustav Heinemann im Oktober 1954 im Hause Simpfendörfer versucht, den gerade ernannten Kultusminister zum Wechsel in die Gesamtdeutsche Volkspartei (GVP) zu bewegen.

Im Schatten dieser Turbulenzen um den Vater studiert Werner Simpfendörfer weiter und geht anschließend ins Vikariat. In seinen Tübinger Erstsemestern wird ihm durchgehend ein fröhliches, heiteres und manchmal auch selbstironisches Wesen bescheinigt, trotz seiner körperlichen Gebrechen, die vom Stiftsrepetenten in den jeweiligen Semesterberichten stets angesprochen werden. Er ist ein neugieriger Hörer und schneller Verarbeiter dessen, was die theologischen Lehrer der ersten Stunde zu bieten haben: Helmut Thielicke, Arthur Weiser, Hanns Rückert, der Philosoph Wilhelm Weischedel, aber auch noch der seit 1939 emeritierte Karl Heim, den er über das Verhältnis des Christentums zu den Naturwissenschaften hört. Auf zahllosen studentischen Festen, mit denen die Kriegsgeneration ihren Lebenshunger stillt, präsentiert er sich als Dichter und Verseschmied.

Auf persönliche Einladung von Karl Barth und Charlotte von Kirschbaum verbringen Gerhard und Werner Simpfendörfer im Rahmen eines Stipendiums des „Hilfswerks der Evangelischen Kirchen der Schweiz" je zwei Semester in Basel. Sie genießen deren Zuwendung gegenüber den von ihnen ausgewählten deutschen Studenten, die aus einem Hungerland in die reiche Schweiz kommen. Einladungen zum Mittagessen im Hause Barth sind keine Seltenheit. Gerhard Simpfendörfer ist sogar eingeladen, den Heiligen Abend 1947 im Kreis der Familie Barth zu verbringen, ein eindrucksvolles Erlebnis. Werner Simpfendörfer verbringt in Basel das Wintersemester 1948/1949 und das Sommersemester 1949. Er hört Barths erste Ansätze zu dessen Versöhnungslehre, die dann in vier Teilbänden ab 1953 erscheint. Karl Barth hat ihn in einem persönlichen Brief einmal einen „theologus viator" genannt, einen Theologen, der allzeit unterwegs sein soll. Diese Charakterisierung sitzt tief im Gedächtnis des jungen Theologen, der es nicht ganz leicht hat mit dem aufrechten Gehen. In diesem Klima reifen Pläne für ein Dissertationsvorhaben bei Karl Barth, mit dem er sich noch 1956 herumschlägt, bis er es heimlich, still und leise in der Versenkung verschwinden lässt.

Im Rahmen eines Stipendiums der Scottish Presbyterian Church, das sein Onkel Hugh Fraser vermittelt – dieser hat als Missionar in Indien gearbeitet und ist nun Gemeindepfarrer in Perth bei Edinburgh –, verbringt Werner Simpfendörfer ab 1949 ein Jahr am New College in Edinburgh. Die Konfrontation mit

Studierenden aus Ländern, deren Bevölkerung von den Nazis überfallen und deportiert worden war, lehrt ihn, dass Ökumene kein harmonisches Familienleben ist, sondern schmerzhafte Versöhnungsarbeit bedeutet. Dabei geht – wie er noch zu seinem 70. Geburtstag zu berichten weiß – der härteste Schock von Studierenden aus den Niederlanden aus. Sie sind gezeichnet von ihren Erfahrungen mit einer grausamen deutschen Besatzung. Fast 600 000 Niederländer wurden zur Zwangsarbeit verpflichtet und verschleppt, mehr als 100 000 holländische Juden in die KZs abtransportiert. Zu diesen holländischen Studierenden, die ihn konfrontierten, gehört auch seine erste Freundin. Wie nachhaltig ihn die Begegnungen dieser Jahre prägten, zeigt seine Montreater Rede aus dem Jahre 1993, in der er bekennt, dass ökumenische Existenz aus *Angenommenwerden* und *Scham* geboren wurde.

Die Studienzeiten in Edinburgh und Basel legen den Grund für Werner Simpfendörfers ökumenische Vita. Sie bringen neben politischen Herausforderungen eine sprachliche und kulturelle Erweiterung seines Horizontes. In seiner späteren Übersetzungsarbeit kommen ihm diese früh erworbenen Kompetenzen zugute. Der Abschluss seines Studiums verlängert sich bis 1951. Die württembergische Landeskirche ordiniert ihn nach bestandener Erster Theologischer Dienstprüfung im August und übernimmt ihn „probeweise in den unständigen Dienst". Ein medizinisches Gutachten bescheinigt ihm, das „keine körperlichen Störungen festzustellen sind, die die Versehung des Amtes eines angestellten Geistlichen in Frage stellen würden".

In den folgenden fünf Jahren fühlt er sich von Stelle zu Stelle geschoben. Er beginnt sein zweijähriges Vikariat im August 1951 in Bonlanden-Harthausen, vertritt ab April 1952 für ein halbes Jahr den Freund Erich Lindenbauer als Religionslehrer an der Oberschule in Korntal. Für den Rest dieses Jahres wirkt er als Parochialvikar in Stuttgart-Fellbach und wird danach noch einmal für vier Monate an die staatliche Oberschule nach Ebingen abgeordnet. Ab April 1953 bereitet er sich im Pfarrseminar auf die Zweite Theologische Dienstprüfung vor, die er ein Jahr später ablegt. In seiner wissenschaftlichen Hausarbeit – das Thema konnte er selbst wählen – reflektiert er „Die Auslegung des 13. Kapitels des Römerbriefes in der modernen theologischen Diskussion", jenen berühmten Text im Neuen Testament, in dem der Apostel Paulus nach traditioneller lutherischer Auslegung zum „Gehorsam gegenüber der Obrigkeit" aufruft. Er gibt in der Einleitung zu dieser Arbeit eine interessante Begründung für die Wahl dieses Themas: Gegenwärtig beschäftigt sich die Theologenzunft vornehmlich mit der Entmythologisierung und hält das Verhältnis von Kirche und Staat nach den Turbulenzen des „Dritten Reiches" für zufriedenstellend geklärt. Demgegenüber hält er – mitten im politischen Streit um die Teilung Deutschlands und die Wiederaufrüstung – diese Beziehung weiterhin für klärungsbedürftig. So endet die umfängliche Schrift nicht zufällig mit einer Hommage an Karl Barths Schrift „Christengemeinde und Bürgergemeinde" aus dem Jahre 1946, die für viele Theologen der Nachkriegszeit zur Grundlage kritischer Auseinandersetzungen mit der Politik der Bonner Republik wird.

Elisabeth – die Gefährtin und Begleiterin

Ab August 1953 wirkt Simpfendörfer als Repetent am Evangelischen Seminar in Blaubeuren, wo er – so der spätere Bischof Eberhard Renz – seiner Behinderung zum Trotz mit innerer Autorität gerade junge Menschen beeindrucken kann. Hier lernt er im September 1955 – *gerade noch rechtzeitig*, wie er rückblickend kommentiert – beim befreundeten Kunstphotographen Helm Gunsilius die ein Jahr jüngere Lehrerin Elisabeth Eberhardt kennen, die dem Künstler in seinem Atelier am Blautopf Modell steht. Am 11. Dezember 1955 verloben sie sich. Im pfarramtlichen Zeugnis aus Blaubeuren für die Landeskirche wird später vermerkt, dass Elisabeth Eberhardt aus einem wenig kirchlichen Hause kommt – „der Vater gilt als Atheist". Zugleich wird jedoch die Erwartung ausgesprochen, dass ihre jahrelange Mitarbeit in der Evangelischen Jugend gute Möglichkeiten eröffnet, sich in die Aufgaben einer Pfarrfrau einzuarbeiten.

Die Arbeitertochter Elisabeth Simpfendörfer wird am 19. April 1928 in Blaubeuren geboren. Sie wächst mit ihrer älteren Schwester Gertrud in ärmlichen Verhältnissen auf. Mehrere Jahre trägt sie morgens vor der Schule Zeitungen aus, um die Haushaltskasse der Familie aufzubessern. Der Besuch einer höheren Schule – sie wäre gern Tierpflegerin geworden – wird ihr von den Eltern verweigert. Vom 10. bis zum 14. Lebensjahr ist sie Jungmädel in der NSDAP, mit zwölf Jahren wird sie Scharführerin, voller Freude darüber, dass ihr eine solche Aufgabe zugetraut wird. Von Ideologie völlig unberührt hält sie Dienstnachmittage mit Liedersingen, Völkerball, Schnitzeljagd und Pulswärmerstricken für Soldaten ab. Anlässlich ihres 65. Geburtstages erinnert sie sich: „Ich war stolz auf das ‚rotweiße Schnürchen mit der Trillerpfeife', die Insignien meiner Macht."

Nach dem Schulabschluss arbeitet sie für neun Monate in einem Landjahrlager. Im Sommer 1942 ist sie – gerade vierzehn Jahre alt – unter den zehn Mädchen, die das Stuttgarter Kultministerium aussucht, um im Schnellverfahren aus ihnen Lehrerinnen zu machen. Der Wunsch ihres Lehrers, der am Widerstand der Eltern gescheitert war, hatte sie eingeholt. Nach bestandener Prüfung zieht Elisabeth Eberhardt in die Lehrerbildungsanstalt Esslingen ein. Während der Luftangriffe über Stuttgart und Umgebung werden die sechzehnjährigen Mädchen zu Aufräumarbeiten, zur Essensverteilung und zum Wasserschleppen eingesetzt. Eine Kameradin und Elisabeth kommen eines Tages mit dem Schrecken davon, als der Luftdruck detonierender Bomben sie in die Trümmerhaufen wirft. Im Januar 1945 werden sie übers Land verteilt. Elisabeth kommt nach Gingen an der Fils, doch ab März ist an einen normalen Unterricht nicht mehr zu denken. Das alte Lehrerehepaar, dem sie beigegeben wird, schickt sie zu den Osterferien wieder nach Hause. Mit dem Fahrrad kommt sie – wie durch ein Wunder – wohlbehalten in Blaubeuren an.

Elisabeth Simpfendörfer hat dann in Markgröningen ihre grundständige Lehrerausbildung nachgeholt und abgeschlossen. Mehrere Jahre ist sie Dorfschullehrerin in Ammertsweiler in einer Zwergschule, die ersten vier Klassen in einem Raum. Sie isst und wohnt in einer Dorfkneipe und fährt oft zu Konzerten und Theateraufführungen nach Stuttgart. Sie entwickelt ihre künstlerischen Talente, spielt Geige, töpfert und malt. Um näher bei den Eltern zu sein, lässt sie sich nach Weiler bei Blaubeuren versetzen. Hier lernt sie 1955 Werner Simpfendörfer kennen.

Es ist für Elisabeth Eberhardt nicht einfach, als Arbeitertochter und Grundschullehrerin in das Haus eines Kultusministers einzuheiraten. Gegenüber der Familie Simpfendörfer ist sie zunächst ängstlich und unsicher. Während des ersten Besuchs bei Werners Eltern findet sie sich selbst steif. Die Mutter, Helene Simpfendörfer, bricht jedoch bald das Eis, nachdem sie begriffen hat, dass Werner sich für Elisabeth entschieden hat. Sie spürt, dass von dieser Wahl das fernere Leben ihres Sohnes abhängt.

Seine Eltern, voran sein Vater, sollen Werner Simpfendörfer abgeraten haben zu heiraten. Wilhelm Simpfendörfer ist skeptisch, ob sich eine Frau auf ihn als Behinderten würde einlassen können. Beide Eltern fürchten das Risiko, dass er seine Kyphoskoliose – mit ausgeprägter Wirbelsäulenkrümmung, Sehnenverkürzung und Kleinwüchsigkeit – an seine Kinder vererben könne. Kein Arzt habe ihnen die Garantie geben können, dass dies auszuschließen sei. Helene Simpfendörfer hat diese Fragen im Gespräch mit der zukünftigen Schwiegertochter angesprochen. Elisabeth und Werner haben sich gemeinsam gegen die besorgten Eltern durchgesetzt und diese haben dann beide deren Entscheidung mitgetragen.

Bei der Familie Simpfendörfer kommt Elisabeth in eine andere Welt. Ein „Daheim" wie die Simpfendörferbuben hat sie nie erlebt. Ihr bisheriges Zuhause war ein Ort, wo sie nicht fremd war, wo sie nicht „Sie" sagen musste. Aber Sorgen abladen, Rat holen, auftanken, das konnte sie dort nicht. Erstmals in ihrem Leben kann sie dies mit Werner. Er schätzt ihre künstlerischen und literarischen Interessen, von seinem immer wachen und neugierigen Geist wird sie angesteckt. Seine Behinderung hat sie angenommen und lebt solidarisch mit ihm. Über daraus sich ergebende Anstrengungen und Schwierigkeiten – so das Urteil ihrer Kinder und Freundinnen – wird sie nie sprechen.

Elisabeth und Werner nach der standesamtlichen Trauung im Oktober 1956

Werner Simpfendörfer und Elisabeth Eberhardt heiraten am 18. Oktober 1956 auf Schloss Solitude bei Stuttgart. Sie feiern ein rauschendes Fest im Kreis der Familien und Freunde. Zu ihrem 65. Geburtstag bekennt Elisabeth rückblickend: „Freunde waren und sind der gemeinsame Nenner unserer Beziehung, ein wesentliches Element unseres gemeinsamen Lebens. Wir haben uns kennen gelernt bei Freunden (Helm Gunsilius), haben viele gute, frohe Stunden erlebt, Feste gefeiert, Urlaub gemacht und erfahren, dass auch durch dunkle Wegstrecken die Freunde durchhalten und durchhelfen." Werner feiert seine Hochzeit auch als Triumph über die Sorgen der Eltern. Er ist ein Leben lang stolz, dass ihnen drei gesunde Söhne geschenkt werden: Hans-Ulrich (1957), Christoph (1959) und Stefan (1961). Am 30. Oktober folgt der gemeinsame Umzug nach Bad Boll. Vorausgegangen war, dass er im April mit der Freistellung für die Arbeit in der Boller Akademie endlich zum Pfarrer ernannt worden war.

Die Freude wird während der Hochzeitsreise durch den Nordschwarzwald durch einen tragikomischen Vorfall kurz getrübt, der in der Familiengeschichte der Simpfendörfers einen festen Platz gefunden hat. Werner Simpfendörfer hat von Geburt an einen „gedrehten Magen", der bei entsprechender Belastung auf das Herz drücken konnte. Als er in einem Hotel in Wildbad plötzlich mit Herzbeschwerden und Atemnot zusammenbricht, nimmt der herbeigeholte Arzt – in Unkenntnis der Krankengeschichte – die gerade angetraute Ehefrau zur Seite und meint, sie auf den nahen Tod ihres Mannes vorbereiten zu müssen. Elisabeth Simpfendörfer, selbst ahnungslos über die Ursachen der Attacke, rechnet mit allem. Doch wie überrascht ist sie, als ihr Mann sich plötzlich durch einen „Rülpser" im Magen Luft verschafft und zur Tagesordnung übergeht. Unter Freunden und Kindern der Simpfendörfers steht diese Geschichte für die Art und Weise, wie der Vater und Freund mit seinen vielen Krankheiten umzugehen pflegt. Sie steht für die Fähigkeit und Kraft, nach jedem Fall neu aufzustehen!

Kapitel 4

Ist eine andere Kirche möglich? – Unterwegs für die Kirchenreform

Im April 1956 sind die fünf langen Lehr- und Wartejahre für den jüngsten Sohn des württembergischen Kultusministers endlich zu ihrem Abschluss gekommen. Seine beiden älteren Brüder sind ohne Probleme und sehr viel schneller zu Amt und Würden gekommen. Gerhard ist Gemeindepfarrer geworden und wird später Dekan in Heilbronn. Jörg, nach dem Tod Gottholds jetzt der älteste Bruder, war unmittelbar nach dem Studium bereits 1950 an den Ort gelangt, der neben dem Kirchentag als Inbegriff kirchlicher Erneuerung im Nachkriegsdeutschland gelten darf, an die Evangelische Akademie.

Eberhard Müllers Evangelische Akademie im württembergischen Bad Boll wurde zum Modell für alle Landeskirchen, wie sie jenseits der parochialen Arbeit in Kontakt mit gesellschaftlichen Verantwortungsträgern kommen können. Bei der nach dem Krieg außerordentlich schnellen Eröffnung der Akademie am 29. September 1945 durch Landesbischof Theophil Wurm im Kurhaus Bad Boll, das der Herrnhuter Brüdergemeine gehörte, waren die Eltern Simpfendörfer selbstredend dabei.

Der Begriff „Evangelische Akademie" ist für den deutschen Kontext im Korntaler Umfeld geboren worden. Er geht auf Helmut Thielicke zurück, der 1942 der Kirchenleitung in Stuttgart eine Denkschrift zur Gründung einer Evangelischen Akademie vorgelegt hatte. Laien sollten in der Akademie eine theologische Ausrüstung für ihre beruflichen Aufgaben bekommen, um im Sinne des allgemeinen Priestertums Ämter in der Kirche übernehmen und als kompetente Fachleute christliche Positionen in die gesellschaftlichen Diskussionen zu Fragen der Zeit einbringen zu können. Damit wäre den drohenden Gefahren eines kirchlichen Rückzugs in ein geistliches Ghetto nach dem Zusammenbruch des „Dritten Reiches" gewehrt. Thielickes Plan ist im „Korntaler Kreis", den Landesbischof Wurm während der letzten Kriegsjahre in Korntal zu versammeln pflegte, weiter beraten und ab April 1945 im Tübinger Schlatterhaus konkretisiert worden. Als kongeniale Partner fanden sich hier Studentenpfarrer Eberhard Müller und Theologieprofessor Helmut Thielicke. Der besondere Akzent, den Eberhard Müller in die Akademie-Idee brachte, war der methodisch durchreflektierte kirchliche Brückenschlag zur pluralistischen Alltagswelt. Müller suchte Gespräche nicht nur mit den gesellschaftlichen Eliten, sondern mit allen Berufsgruppen und ihren Vertretungsorganisationen. Noch im Jahr 1945, ehe die Gewerkschaften sich endgültig konstituiert hatten, fand in Bad Boll die erste Arbeitnehmertagung statt. Die „Aktionsgemeinschaft für Arbeitnehmerfragen" wurde gegründet und trug wesentlich dazu bei, dass neben dem DGB keine christlichen Gewerkschaften entstanden. Für diesen völlig neuen Zweig kirchlicher Arbeit wurde beim Ausbau der Boller Akademie unter den Studienleitungen auch ein „Arbeiterpfarramt" eingerichtet und mit Jörg Simpfendörfer besetzt.

Pressereferent der Evangelischen Akademie Bad Boll

Es sind Familiengeschichten, die zum großen Teil die Kirchengeschichte schreiben, zumal in Württemberg. Eberhard Müller behält auch den jüngsten Simpfendörfer-Sohn im Auge. Zu dessen Ordination 1951 schenkt er ihm ein Buch des Genfer Arztes und Theologen Paul Tournier, der zum Referenten-Pool Müllers gehört, über „Technik und Glaube" und schreibt als Widmung hinein: „Meinem lieben Werner Simpfendörfer zum Tage seiner Ordination mit dem Wunsche, dass in seinem Leben der Glaube nie zur Technik werde". Ihm entgeht nicht, dass dem Endzwanziger Mitte der fünfziger Jahre die landeskirchliche Anstellungszeit „auf Probe" allmählich zu lang wird. Anfang 1956 setzt er mit einem bemerkenswerten Argument beim Oberkirchenrat durch, dass Werner Simpfendörfer zum 1. April 1956 Pressereferent der

Akademie wird. So liege Simpfendörfers „eigentliche Gabe auf dem Gebiet der literarischen Gestaltung. Wegen seiner körperlichen Behinderung wäre es m. E. eine sehr gute Sache, wenn er frühzeitig auf dieses Geleise gelenkt würde." Die Presseabteilung der Akademie war freigeworden, nachdem Vorgänger Koller ins Pressereferat des Bundesverteidigungsministeriums von Franz-Josef Strauß gewechselt war.

1961 ist auch der Jugendfreund Christoph Bausch in der Akademie angelangt. Aus dem Gemeindepfarramt heraus wird er Studienleiter. Mit dessen Schwester Margret ist wiederum Jörg Simpfendörfer verheiratet. Als er sich 1961 von ihr trennt, löst er einen Riesenskandal aus, muss Akademie und Pfarramt verlassen und wird vom Vater enterbt. Werner kann ihm jetzt die kindlich erfahrene Solidarität zurückgeben und hält ihm familiär die Treue. Zum beruflichen Schaden wird der Skandal für Jörg Simpfendörfer nicht. Seine Erfahrungen im Industriepfarramt der Akademie eröffnen ihm eine glänzende Karriere zunächst als Personalchef bei IBM und dann als gefragter selbständiger Unternehmensberater. In spöttelnder Zuneigung spricht später Werner Simpfendörfer von seinem *Jaguar fahrenden Kapitalistenbruder.*

Für Werner Simpfendörfer ist der Berufsanfang an der Akademie mit der Erfahrung einer peinlichen Affäre belastet. Müller möchte im Zusammenspiel mit seinem Bruder Manfred, der Oberkirchenrat ist und dem Rundfunkrat angehört, den Intendantenwechsel beim Süddeutschen Rundfunk nutzen, um seinen Pressereferenten mit einer Sendung „Die Stimme Bad Bolls" in den Kirchenfunk einzuschleusen und neben der „Christlichen Presseakademie", die die Akademie 1950 gegründet hatte, ein weiteres Akademie-Bein in die Medienlandschaft zu bekommen. Er schleppt seinen jungen Pressereferenten mit zum Antrittsbesuch beim neuen Intendanten Hans Bausch. Beide werden mit einer eleganten Abfuhr überrascht. Hans Jürgen Schultz, Leiter des Kirchenfunks, der Bausch deutlich vor Müllers Ambitionen gewarnt hatte, bekommt den Auftrag, in der Nacharbeit des missglückten Gespräches das für eine öffentlich-rechtliche Rundfunkanstalt unmögliche Ansinnen der konfessionellen Akademie schriftlich zurückzuweisen, und er unterstellt Müller dabei katholische oder staatskirchliche Intentionen. Es kommt dem neuen Pressereferenten zu, auf diesen Vorwurf gleichermaßen heftig zu reagieren. Werner Simpfendörfer schreibt an Schultz zurück: *Herr Schultz, das ist starker Tobak!* Beide werden diesen holprigen Beginn ihrer späteren Freundschaft nie vergessen.

Die Osterferien 1957 verbringen die jungen Eheleute Elisabeth und Werner mit den Eltern Simpfendörfer am Lago Maggiore. Werner darf die Eltern zu Hermann Hesse chauffieren, zu dem sie nur vordringen können, weil sie die Hausgemeinschaft mit Schwester Marulla und die alte Brieffreundschaft aus den Kriegsjahren appellativ in Anspruch nehmen. Der Kultusminister möchte den berühmten Schriftsteller zu dessen 80. Geburtstag nach Stuttgart einladen und ihm den Marbacher Schillerpreis verleihen. Das zweistündige Gespräch lässt viele Erinnerungen aus früheren Korntaler Tagen wach werden. Dem eigentlichen Gesprächsanliegen aber ist kein Erfolg beschieden. Zu gebrochen ist Hesses Verhältnis zu dem Deutschland, das nur ungenügend Lehren aus dem nationalsozialistischen Dunkel gezogen hat, als dass er zu anderen deutschen Städten als seiner Heimatstadt Calw in Kontakt treten möchte.

In einer denkwürdigen Koinzidenz bringt Elisabeth Simpfendörfer im Oktober 1957 ihren ersten Sohn Hans-Ulrich zur Welt, gerade als Wilhelm Simpfendörfers Tatkraft durch einen schweren Schlaganfall eine Grenze gesetzt wird. Im April 1958 kehrt er noch einmal kurzfristig ins Kultusministerium zurück, bevor er im Juli endgültig aufgibt und aus gesundheitlichen Gründen seinen Rücktritt erklärt. Dazwischen liegt mit dem 25. Mai der 70. Geburtstag von „Vater Simpfendörfer". Für Sohn Werner, den Pressereferenten der Akademie, ist dieses Datum eine verdienstvolle Herausforderung. Er organisiert eine Festschrift und bringt sie unter dem Titel „Wirken solange es Tag ist" heraus. In seinem eigenen Beitrag widmet er sich dem Zusammenhang von „Pressefreiheit und Pressepolitik". Der spätere, vor allem für die Laienbildung engagierte „pädagogische Theologe" scheint bereits hier im Themenfeld der Publizistik durch. Die einzige Legitimation und damit letztlich auch Niveau und Qualität einer Presse sei darin begründet, ob und in welcher Weise sie an der Ausbildung und Einübung des freien und selbstverantwortlichen Denkens ihrer Leser arbeite, argumentiert er in der ihm eigenen apodiktischen Art.

Einstieg in die Kirchenreform

Es bleibt nicht lange bei der Pressearbeit. Werner Simpfendörfer will nicht nur Sprachrohr der Akademie sein, sondern selbst pädagogisch eingreifen in die „Bekehrung der Strukturen". Das ist das vorrangige Programmwort Eberhard Müllers, mit dem dieser für ihn nun als Lehrer neben Karl Barth tritt. Müller hatte 1953 mit seiner programmatischen Schrift „Die Welt ist anders geworden" nicht nur propagiert, dass die strukturellen Veränderungen in der arbeitsteiligen Industriegesellschaft die Kirche zwingen, ein neues Blatt in der Geschichte der Mission anzulegen. Mit jeder Tagung legte die Akademie dieses neue Blatt tatsächlich an. Der Württembergische Oberkirchenrat ließ Müllers Schrift an alle Pfarrämter verteilen.

Es ist ein irritierend und inspirierend anderes Verständnis von Mission, als es Werner Simpfendörfer in Korntal begegnet war. Es sprengt nicht durch weltweite Kontakte, sondern entlang der Konfliktlinien innerhalb der eigenen Gesellschaft die kirchliche Enge auf, in der das Leben der meisten Ortsgemeinden verläuft. An die Stelle der Weltmission tritt die missionarische Herausforderung am eigenen Ort.

Wie aber können die punktuellen Tagungserfahrungen nachhaltig wirken? Die Akademie gründet mit ehemaligen Tagungsteilnehmern Hauskreise und Arbeitsgruppen, die an ihren Orten, in ihren Gemeinden und ihren Berufsgruppenzusammenhängen strukturverändernd tätig werden sollen. Dazu brauchen sie kontinuierliche Begleitung und Förderung durch die Akademie. Ein Referat für gemeindebezogene Akademiearbeit wird gegründet. Der bisherige Pressereferent wird 1959 zu dessen Leiter.

Insgesamt liegt gesellschaftlich wie kirchlich ein Kribbeln in der Luft. Der Kirchenfunkleiter und Lektor im Stuttgarter Kreuz-Verlag Hans Jürgen Schultz gibt mit seiner leidenschaftlich debattierten Sendereihe im Süddeutschen Rundfunk „Kritik an der Kirche" 1958 den Ton vor. Es geht ihm darum, „dass endlich laut wird, was laut werden muss. Die Kirche muss sich heute radikal in Frage stellen lassen, anstatt ihrerseits fortwährend zu fragen, zu rügen, zu zensieren etc. Reformation vollzieht sich nicht im introspektiven Blick auf sich selbst, sondern im neuen Ernstnehmen der Sendung in die Welt."

Diesen Ton nimmt Werner Simpfendörfer nun konstruktiv auf. Sein erfolgreiches Pilotprojekt eines missionarischen Gemeindeaufbaus in Kooperation von Akademie und Gemeinde findet in der von den Großbetrieben Daimler-Benz und IBM geprägten, mehrheitlich evangelischen Stadt Sindelfingen statt. Aus einer noch unwissenschaftlich und amateurhaft durchgeführten Befragung von 40 Experten, was Sindelfingen brauche, werden Aufgaben für die Kirche definiert. Sie soll sich beteiligen am Aufbau der Stadt. Neue Dienstgruppenstrukturen werden neben die traditionellen Gremien der Gemeinde gesetzt. Eine Mütterschule wird gegründet, die zum Prototyp aller Familienbildungsstätten in Deutschland wird. Eine Arbeitsgemeinschaft für Siedlungsfragen konstituiert sich. Sie wagt sich an die Frage der Integration der griechischen Arbeiterfamilien heran und nimmt mit der Stadtverwaltung wegen Stadtplanungsfragen Verbindung auf. Über den Missionsbegriff verändert sich auch das Gottesdienstverständnis der Gemeinde. Neben die Versammlung der gläubigen Gemeinde in der Kirche um Wort und Sakrament tritt gleichrangig die Verantwortung der Glaubenden in ihrem Alltag, sei es in der Familie, der Nachbarschaft oder im Beruf: Der Gottesdienst im Alltag der Welt (Römerbrief 12,2).

Unterwegs für ein neues Missionsverständnis

Die neuen Arbeitsansätze in der Evangelischen Akademie Bad Boll sprechen sich herum – bis hin nach Genf. Im Referat des

Ökumenischen Rates der Kirchen für Fragen der Verkündung wird ein neues innovatives Projekt vorbereitet, das der III. Vollversammlung des Weltkirchenrates in Neu Delhi im Dezember 1961 vorgeschlagen werden soll. Was sind die globalen Veränderungen wert, wenn sie die kirchliche Basis nicht erreichen? Das ist die Frage, die diese erste Vollversammlung außerhalb Europas und Nordamerikas bewegt. Sie bringt den Beitritt der Russisch-Orthodoxen Kirche zum ÖRK, integriert den Internationalen Missionsrat und setzt die Frage der Mission in den Ländern des Nordens auf die Tagesordnung. Wie kann hier Kirche auf die Probleme der säkularen Welt zugehen und ihrer Sendung in die Welt nachkommen, wenn sie an der Basis in Gemeinden organisiert ist, die sich selbst genügen?

In Kirchengemeinden, die als Inseln einer ganz bestimmten Frömmigkeit inmitten der säkularen Umwelt ihre Mitglieder zwingen, in ihrem Alltag beständig zwischen Kirche und Welt hin und her zu reisen, kann nicht die ökumenische Zukunft liegen. Darum soll alles auf den Prüfstand. So schlägt das „Referat für Fragen der Verkündigung" der Vollversammlung eine mehrjährig angelegte und umfassende Untersuchung der Veränderungsfähigkeit von Kirche mit dem programmatischen Titel „Die missionarische Struktur der Gemeinde" vor.

Mitstreiter werden gesucht. Im Sommer 1961 wird auch Werner Simpfendörfer gefragt, ob er zur Mitarbeit bereit sei. Selbstverständlich ist er das, und als die Vollversammlung das Projekt tatsächlich beschließt, wird er der Sekretär der westeuropäischen Arbeitsgruppe. Für ihn ist dieser Auftrag ein Geschenk des Himmels. Er, der erst mühsam lernen musste, die Beschränkungen, die ihm sein Körper auferlegte, zu durchbrechen, kann *reisen, die ökumenischen Ideen unter die Leute bringen, zwischen Hamburg und München Fäden knüpfen, Gemeinden und Gruppen infizieren.* Sein Aktionsradius ist nicht nur Deutschland, sondern Westeuropa und über die Sekretärskollegen in den anderen Arbeitsgruppen (Johannes Althausen in der DDR, Thomas Wieser in Nordamerika und Julio de Santa Ana in Südamerika) ist er sogar weltweit vernetzt. Die Erziehung der mittlerweile drei Söhne überlässt er in klassischer Arbeitsteilung mehr oder weniger seiner Frau Elisabeth.

Trotz dieser Einseitigkeiten hat für Elisabeth Simpfendörfer die familiäre Situation in Bad Boll eine Lebensqualität, an die die späteren durch die beruflichen Wechsel ihres Mannes bedingten Konstellationen nicht mehr annähernd heranreichen werden. Durch die unmittelbare Nachbarschaft von Akademie und Wohnhaus kommt Werner in der Mittagspause nach Hause, auch mit Gästen, „denn Kaffee nimmt man bei Simpfs". Viele Feste werden gefeiert, auch in der Akademie. Elisabeth ist integriert und wird wahrgenommen. Die neuen Freunde aus aller Welt registrieren, was sie der Ehefrau und Mutter antun, wenn sie den Familienvater für Vortrags- und Beratungsarbeiten über längere Zeit beanspruchen. Von einer Japanreise bringt Werner ein ihm für seine Frau überreichtes Tuch mit der Widmung mit: „Ein bescheidenes Dank- und Sühnezeichen für oft geschehene Wegnahme Ihres Mannes".

Im Erziehungsstil sind sich die Eheleute einig. Zu sehr steckt ihnen die eigene strenge Erziehung in den Knochen. Ihre Söhne sollen sich von Anfang an zu selbstbewussten Persönlichkeiten entwickeln können. Die antiautoritären Erziehungsprinzipien von Summerhill bieten einen Orientierungspunkt. Die Konflikte in einer Erziehung ohne Vorgaben und Grenzen muss die Mutter austragen, weniger der Vater. Ungewöhnlich sind innerfamiliäre Austauschprogramme in der großen Simpfendörfer-Familie. Um der kinderreichen Familie von Bruder Gerhard und seiner Frau Christa in einer bedrängten Situation zu helfen, zieht Sohn Christoph in der Schulanfangszeit für drei Monate ins Pfarrhaus nach Belsenberg bei Künzelsau zur Familie seiner Patentante, während Elisabeth Simpfendörfer zwei Kinder ihrer Schwägerin, drei und vier Jahre alt, die mehr Aufmerksamkeit benötigen als der Siebenjährige, zu sich nimmt.

Für Werner Simpfendörfer findet sich in den Genfer Vorarbeiten zur großen Missionsstudie ein neuer Freund ganz aus der Nähe. Paul-Gerhard Seiz, ein 29-jähriger Pfarrer aus Leonberg, sucht auf einer Studienreise nach Genf in der Weite der Ökumene Anregungen für seine ungewöhnliche Pfarramtssituation im Schwäbischen. Innerhalb der dörflich strukturierten Gemeinde Leonberg-Eltlingen ist er für die 1956 errichtete Trabantensiedlung Ramtel zuständig, in der 5 000 Menschen auf engstem Raum ohne jede besondere Infrastruktur zusammenleben. In Genf findet er tatsächlich die erhofften Anregungen für eine „Kirche in der Siedlung" und begegnet dem Akademiereferenten Werner Simpfendörfer, mit dem ihn von nun an eine lebenslange Freundschaft verbinden wird.

Der Ramtel in Leonberg wird zum herausragenden Modellfall einer „Gemeinde in Dienstgruppen". Weil es keine gewachsenen gemeindlichen Strukturen mit den traditionellen Kreisen gibt, können die neuen Wege noch konsequenter beschritten werden als in Sindelfingen. Die grundlegende Organisationsstruktur der Gemeinde sind „Dienstgruppen", in denen sich um die Hauptamtlichen engagierte Ehrenamtliche sammeln, um stadtteilanalytisch Problemlagen in der Siedlung zu identifizieren und zu bearbeiten und den Bewohnern des Stadtteils nützliche Gemeinschaftsangebote zu machen.

Zusammen gründen Simpfendörfer und Seiz die „Arbeitsgemeinschaft der Siedlungspfarrer". Seiz wird Vorsitzender, Simpfendörfer Sekretär. Ab 1963 treffen sich 30 bis 50 Siedlungspfarrer regelmäßig zweimal im Jahr zu zweieinhalbtägigen Arbeitstagungen. Sie treiben soziologische Analysen ihrer gesellschaftlichen und gemeindlichen Situationen voran, unternehmen Studienfahrten nach Italien, Frankreich, England, den Niederlanden und zu anderen deutschen Reformprojekten und dokumentieren ihre Auslandserfahrungen in Tonbild-Serien. Sie suchen das interdisziplinäre Planungsgespräch mit Soziologen, Stadtplanern, Architekten, Sozialpädagogen, Gemeinwesenarbeitern und bauen kontinuierliche Beziehungen zu soziologischen Beratern auf, vor allem zum niederländischen Soziologen Willy Eichholz. Sie streiten sich mit den Kirchenmusikern um Gottesdienste in neuer musikalischer Gestalt und mit der Architektenlobby der Landeskirchlichen Bauabteilung um Mehrzweckräume statt neuer Sakralbauten. Sie führen den Projektarbeitsansatz zeitlich befristeter Arbeitsschwerpunkte ein und werten sie systematisch aus.

Kirchenstrukturen für die Industriegesellschaft

Die Experimente in den Siedlungspfarrämtern liefern das Anschauungsmaterial, das der Sekretär der westeuropäischen Arbeitsgruppe des Genfer Studienprozesses braucht, um zu beweisen, dass der Ausstieg aus dem „morphologischen Fundamentalismus" der Volkskirche möglich ist. Mit diesem Begriff hatte der Vorsitzende des Studienprozesses in Westeuropa, der niederländische Theologe Johannes Christiaan Hoekendijk, die festgefahrene Basisstruktur einer Ortsgemeinde bezeichnet, die mit der Kirche als Mittelpunkt des Dorfes für die agrarische Gesellschaft stimmig war, die aber an den neuen Herausforderungen einer modernen Industriegesellschaft zwangsläufig scheitern muss.

Mehr noch und theologisch grundsätzlicher: Hoekendijk startet im Gefolge Karl Barths einen religionskritischen Radikalangriff auf alle Versuche, den die Welt in seinem eigenen missionarischen Handeln verändernden Gott „zu einem ansässigen Gott in einer bestimmten Lokalität zu machen, etwa in einem Kontinent (Corpus christianum?), einer Nation (Volkskirche?) oder in einer Wohngegend (Parochie?)". Es ist ein neues, zu den Quellen des neutestamentlichen Apostolats zurückkehrendes Verständnis von Mission als Teilhabe an Gottes Mission in der Welt (Missio Dei), das die Mitglieder in den verschiedenen Studiengruppen miteinander teilen, auch wenn nicht jeder so radikal formuliert wie Hoekendijk. Wenn Gott nicht ortsansässig ist, dann macht die Aufteilung der Welt in einen heiligen Bereich und einen profanen keinen Sinn mehr. Darum ist Religion ein Thema von gestern; heute kann es nur noch um die „Demaskierung des Sakralen" und um den fortwährenden „Auszug aus den Anachronismen von Religion" gehen.

Das „kirchenfixierte Gottesbild", als wende sich Gott primär der Kirche und erst durch ihre Vermittlung der Welt zu, wird

„vom Kopf auf die Füße" gestellt. Die Bibel spricht für die Kirchenreformer eine andere Sprache: Gott will es zunächst mit der Welt zu tun haben und erst danach und ihretwegen mit der Kirche. Sie ist kein gesellschaftlicher Sonderraum mehr, sondern eine dienstbare Funktion in der Missio Dei. Der französische protestantische Theologe Georges Casalis bringt es für die westeuropäische Arbeitsgruppe auf den Punkt: Gottes Handeln in der Welt kann nicht mehr in der Reihenfolge Gott – Kirche – Welt, sondern nur noch in der Rangfolge Gott – Welt – Kirche bedacht werden.

Unzählige kleinere und größere Diskussionspapiere werden geschrieben, diskutiert und verbreitet. Werner Simpfendörfers eigene Thesenentwürfe und Diskussionsanregungen heißen unter anderem „Das Experiment in der Kirche", „Gottesherrschaft, christliche Gemeinde und Gemeinwesen", „Gemeindeaufbau in der sich ausbreitenden Großstadt", „Die Zukunft des Kirchenbezirks", „Teamarbeit als Weg der Kirche in die Region", „Gemeindeaufbau und Gottesdienst" und „Ecclesia viatorum". Das Entscheidende bei ihm ist: Seine Beiträge zur programmatischen ökumenischen Diskussion über Kirchenreform entstehen nicht aus einer distanzierten Sicht auf die Experimente an der Basis und am Schreibtisch. Der Akademiereferent ist in die neuen Strukturen an der Basis direkt eingebunden. Er nimmt teil an den Wochenenden, an denen Gemeinden sich selbst analysieren. Grundlage der Selbstanalyse ist ein Fragebogen, den die Boller Akademiekollegin und Diplomvolkswirtin Marlies Cremer frei nach dem Muster amerikanisch-soziologischer Vorlagen entwickelt hat. Er wird ein reguläres Mitglied der „Kolonie im Ramtel", dem wohl weitestgehenden Versuch, den die deutsche Kirchenreformbewegung hervorbringt. *Die Kolonie war für mich von Anfang an attraktiv, weil ich alle ihre wesentlichen Komponenten aus ökumenischen Projekten kannte und mir darüber klar war, dass hier ein erster Versuch auf deutschem Boden gemacht wurde, die pionierhaften Elemente dieser ökumenischen Experimente zusammengefasst zu praktizieren. Ich bin in die Kolonie „hineingerutscht", allerdings bei vollem Bewusstsein.*

Paul-Gerhard Seiz hatte im Ramtel mit der Entwicklungshilfe der Akademie nicht nur eine Gemeinde in Dienstgruppen aufgebaut, sondern integriert zur Einweihung des Gemeindezentrums „Ramtelhof" 1965 auch noch eine besondere Arbeitsgemeinschaft in die Gemeinde, die sich in Anlehnung an viele Western-Kinobesuche im Tübinger Haagtor-Kino zu Studienzeiten „Kolonie" nennt. Zwar erweist sich der ursprüngliche Plan einer von Bonhoeffers Theologie der „Kirche für andere" inspirierten Lebensgemeinschaft als unrealisierbar. Nicht alle „Kolonisten" sind bereit, ihren bisherigen Wohnsitz zu verlassen und gemeinsam ins Ramtel zu ziehen. Aber immerhin die Hälfte der achtzehn Gruppenmitglieder, fünfzehn Nichttheologen und drei Theologen, siedelt sich im Ramtel an. Das Experiment heißt jetzt, *so etwas wie eine vita communis auch im räumlichen Auseinander zu praktizieren.* Die Gruppe setzt eine zweite Pfarrstelle für die geistliche und organisatorische Geschäftsführung der Kolonie durch; beide Pfarrer Paul-Gerhard Seiz und Gerhard Wacker wohnen im selben Haus und kooperieren eng. Der dritte Theologe, Werner Simpfendörfer, ist der Pädagoge im Team und für Referate, Diskussionsleitungen und Diskussionsschulungen zuständig.

Ein zweites Reformmodell, in das er aktiv und nicht nur beratend eingebunden ist, entsteht in Geislingen (Steige) nahe Göppingen und damit in unmittelbarer Nachbarschaft Bad Bolls. Um eine kontinuierliche gesellschaftsdiakonische Arbeit in den Bereichen von Beruf und Freizeit leisten zu können, gründet der Kirchenbezirk ein „Haus der Begegnung" in Geislingen, dem die Akademie für den Leitungskreis einen Sozialsekretär und den Leiter der gemeindebezogenen Akademiearbeit zur Verfügung stellt, und sprengt damit die Grenzen des bisherigen gemeindlichen Handelns auf. Ökumenische Arbeitskreise für Siedlungspolitik, für Pädagogik, für Landwirtschafts- und Industrieentwicklung, für die ältere Generation, für Elternfragen und für ein Sozialzentrum siedeln sich im Haus der Begegnung an. In Kooperation mit der Berufsschule werden besondere Formen von Religionsunterricht ausprobiert und ein Jugendclub entsteht. Hier, bei den *Göppinger Freunden*, vollzieht sich, was Werner Simpfendörfer programmatisch zu Papier bringt: ein koordiniertes kirchliches Handeln in der *Raumschaft*.

Am Kirchbau scheiden sich die Geister

Die nachhaltigste Wirkung aber erzielt Werner Simpfendörfer mit seinem Auftritt bei der Kirchbautagung 1965 in Bad Boll und mit seinem dort vorgetragenen Papier zu „Profanität und Provisorium. Thesen zum Kirchenbau". Es findet nicht nur 1968 Eingang in Hans-Eckehard Bahrs „Konkretionen", Band 2 zu „Kirchen in nachsakraler Zeit", sondern dient 35 Jahre später immer noch als ein entscheidender Beleg für „das Schicksal aller sozialen Aufbrüche der sechziger Jahre, dass sie den Menschen eher verordneten, was gut für sie ist, statt mit ‚ethnologischem Blick' auf das zu schauen, was die Menschen wollten" (Andreas Mertin). So ist er es, der posthum seinen Kopf hinhalten muss, wenn sich die Kinder der Achtundsechziger argumentativ an ihren Vätern rächen.

Der Hintergrund von Simpfendörfers Thesen ist der Kirchbauboom der frühen sechziger Jahre, mit dem die Kirchen auf die Entwicklungen in der Stadtsanierung und den Aufbau von Trabantensiedlungen reagierten. Wie kann der Bau neuer Gemeindezentren und Kirchen in Einklang gebracht werden mit den theologischen Reformkonzepten der „Kirche für andere"? In dieser Frage übernimmt Simpfendörfer den Ton seines niederländischen Vordenkers Johannes Christiaan Hoekendijk. *Gottesdienstliches Leben in unserer säkularisierten Welt wird also davon ausgehen müssen, dass sich die herkömmliche Trennung von Welt und Kirche, von Fanum und Profanum nicht mehr aufrechterhalten lässt und auch nicht mehr aufrechterhalten werden darf*, trägt er den Fachleuten des Kirchenbaus vor. Neue Versammlungsräume für die christliche Gemeinde seien so zu bauen und zu gestalten, dass sie der Sendung der Gemeinde in das *dienende Dasein für die anderen in Familie und Beruf, Politik, Freizeit und Nachbarschaft* folgen, und nicht umgekehrt die Gemeinde herausreißen aus dem Alltag der Welt in einen weltentrückten Sakralraum. Die neue Versöhnungskirche im Ramtelhof in Leonberg etwa hatte Autobahnbeton als Fußboden bekommen, um solidarische Nähe zu den Bewohnern auszustrahlen und nicht einen Gegenpol zur Siedlung für die besonderen Gefühle von Ergriffensein, Andacht und Ehrfurcht zu bilden. In den allgemein formulierten Thesen trägt Werner Simpfendörfer ein Programm für Provisorien, Sozialstatt Gemeindezentren und Mehrzweckräume vor, wie es die Mehrheit der Siedlungspfarrer mit ihm teilen würde.

Hinter den Thesen steht aber auch eine aktuelle Brisanz, die aus dem „Boller Kapellenstreit" um den Bau einer Kapelle in der Akademie erwächst. Die Exponenten der streitenden Parteien sind Werner Simpfendörfer und Wolfgang Böhme, der spätere Leiter der Evangelischen Akademie Bad Herrenalb. Auf beiden Seiten wird mit Dietrich Bonhoeffer gestritten. *Kirche ist nur Kirche, wenn sie für andere da ist,* das ist der Grundsatz der Simpfendörferschen Fraktion, die vehement gegen den Kapellenraum eintritt, da Gottesdienst und Andacht in den Tagungsraum gehören und sich organisch in den Tagungsablauf einzufügen haben. Mit dem Bonhoeffer des „Gemeinsamen Lebens" argumentiert die Böhme-Fraktion für den besonderen Sakralraum, in dem Stille und Meditation möglich ist und Gottesdienste und Andachten zu festen Zeiten angeboten werden. Der zweijährige Streit wird dank der Moderationskunst des Akademieleiters Eberhard Müller mit dem Kompromiss entschieden, dass ein „Festsaal der Akademie" als Mehrzweckraum mit flexibler Bestuhlung gebaut wird, in dem alle umstrittenen Formen möglich sind. Der Kompromiss hält viele Jahre. 2003 aber ist der besondere Kapellenraum dann doch gekommen. Werner Simpfendörfer hat dies nicht mehr erlebt.

Transatlantischer Brückenschlag

Bedeutend ist Werner Simpfendörfer für die Kirchenreform in Deutschland auch durch seine Arbeit als Übersetzer. Als Erstes nimmt er sich das Studienbuch vor, das mit einer Auflage von 40 000 Exemplaren die nordamerikanischen Gemeinden an den ökumenischen Studienprozess zum missionarischen Strukturwandel der Kirche heranführte: das Buch des australischen Theologen Colin Williams „Where in the World?". Williams ist als methodistischer Theologieprofessor aus Melbourne Teilnehmer an der Vollversammlung des Weltkirchenrats in Neu Delhi gewesen. Er ist dort in die Kommission für Glauben und Kirchenverfassung und zum Vorsitzenden des Arbeitsausschusses des Referats für Fragen der Verkündigung berufen worden. Als solcher trägt er auch die Verantwortung für den Studienprozess. 1963 siedelt er nach New York über, um im Nationalen Kirchenrat der USA das Amt des Direktors für Fragen der missionarischen Verkündigung zu übernehmen. Seine erste Tat dort ist das Studienbuch zur Frage, wo in der Welt die Kirchengemeinden „Gemeinde für andere" werden können.

Aufgrund der starken Wirkung dieses Buches in Nordamerika übersetzt es Werner Simpfendörfer und bearbeitet es für den deutschen Kontext. Der Calwer Verlag in Stuttgart bringt es 1965 unter dem Titel „Gemeinden für andere. Orientierung zum kirchlichen Strukturwandel" mit einer Einleitung von Hans Jochen Margull auf den Markt. Margull ist der Sekretär des Arbeitsausschusses im Referat für Fragen der Verkündigung in Genf und für die Durchführung des Ökumenischen Studienprozesses verantwortlich, bis er am 1. September 1965 in Genf von Walter Hollenweger abgelöst wird, um eine Professur in Hamburg antreten zu können.

Mit den nordamerikanischen Verhältnissen ist Simpfendörfer seit seiner Studienreise vom 1. Oktober bis 20. Dezember 1962 im Austausch-Programm des Lutherischen Weltbundes bestens vertraut. Natürlich hat er auf dieser Reise quer durch die USA auch das Modell in New York besucht, das für das Vorzeigeprojekt der westdeutschen Kirchenreform – die Berliner Ladenkirche der Freunde Ernst Lange und Alfred Butenuth – Pate gestanden hat. Acht Jahre nach Ernst Lange hat sich Werner Simpfendörfer selbst davon überzeugt, dass jener mit seiner Begeisterung über die „East Harlem Protestant Parish", die mit Straßenkids und der verarmten Bevölkerung eines Slum-Viertels aus einem ehemaligen

Metzgerladen ein lebendiges Gemeindezentrum gemacht hat, nicht übertrieben hat. In New York ist Simpfendörfer bei den Wiesers zu Gast gewesen; Thomas Wieser ist ja sein nordamerikanischer Kollege im Missionsstudienprozess. Thomas und Marguerite Wieser sind Freunde fürs Leben geworden. Aber auch an seinen anderen Reisestationen hat er anhaltende Freundschaften gewonnen, etwa in Los Angeles mit seinem dortigen Gastgeber Reverend Clifton Weihe.

Der Williams-Übersetzung folgt mit noch herausforderneren Wirkungen die Übertragung von Harvey Cox' „The Secular City. Secularization and Urbanization in Theological Perspective" ins Deutsche, die 1966 unter dem Titel „Stadt ohne Gott?" vom Kreuz-Verlag in Stuttgart in der redaktionellen Verantwortung von Hans Jürgen Schultz herausgebracht wird. Weitere Übersetzungen der Bücher des amerikanischen Bürgerrechtlers, Theologen, Soziologen und Mitgliedes der nordamerikanischen Arbeitsgruppe der Missionsstudie, der durch seine Arbeit 1962/63 für die Gossner Mission in Ostberlin seinerseits über (ost-)deutsche Erfahrungen verfügt, folgen bis zum „Licht aus Asien" 1978. Zur besonderen Schatzquelle für Zitate wird ihm selbst „Das Fest der Narren" 1969. Die Übersetzungen – auch der Sammlung grundlegender Texte des ersten Generalsekretärs des Weltkirchenrates Willem A. Visser't Hooft „Die ganze Kirche für die ganze Welt" hat er sich angenommen – zeigen: Man kann auch als Übersetzer der Gedanken anderer kirchenreformerisch wirken.

Streiter für die Ausbildung der Laien

Die Modellprojekte der Kirchenreform haben Mitte der sechziger Jahre eine solche Kraft entwickelt, dass sie nun auch den Deutschen Evangelischen Kirchentag prägen. Beim Kirchentag in Dortmund 1963 wird eine AG Kirchenreform um den Göttinger Historiker Rudolf von Thadden eingerichtet. 1965 beim Kölner Kirchentag ist Werner Simpfendörfer beim Organisationsteam dieser AG dabei. Der Kirchentag ist noch keine Massenveranstaltung, er bietet Raum für Miteinanderlernen, Diskussion und Auseinandersetzung. Gesprächsgruppen am Vormittag führen in das Thema hinein, ehe nachmittags die Hauptreferenten Dorothee Sölle mit dem provozierenden Vortrag „Kirche ist auch außerhalb der Kirche", Hans Jochen Margull mit „Die Kirche steht sich selbst im Wege" und Johannes Rau mit „Verwaltete Christen – verantwortliche Gemeinde" die Gemüter erhitzen. Werner Simpfendörfer ist als Gesprächsleiter und Podiumsexperte für die Themenfelder „Gemeinde in der Region" und „kooperativer Arbeitsstil" voll in seinem Element. Hier beim Kirchentag in Köln erlebt er, was ihn schon an der amerikanischen Situation so elektrisiert hat: die engagierte Laienkirche. Umso größer ist seine Enttäuschung, als die Kirchenreformeuphorie nach dem Kirchentag nicht lange anhält.

Im Herbst 1965 treffen sich mit ihm elf weitere Repräsentanten von Kirchenreformprojekten in Deutschland in der Evangelischen Akademie Loccum. Zwei Tage lang scheint sich sein Traum einer Einigung auf den Aufbau kontinuierlicher Kooperationsstrukturen zwischen den unterschiedlichen Projekten zu erfüllen. Aber dann erweist sich der Spannungsbogen zwischen der „überschaubaren Gemeinde" Hugo Schnells und der „Gemeinde in der Raumschaft" Bad Bolls als zu groß und bleiben die je eigenen Profilierungsinteressen zu dominant. Übrig bleibt immerhin ein Lieblingsgedanke Simpfendörfers, *der Vorschlag eines „kybernetischen Instituts", das als Umschlagsplatz, als Auswertungs- und Beratungsbüro auf dem bunten, fast verwirrenden Markt der protestantischen Reformbemühungen tätig werden* soll. Weil man der Bürokratie der EKD als dem nahe liegenden Träger eines solchen Institutes misstraut, wird die Institutsidee dem Präsidium des Kirchentags in einem Dossier vorgelegt, doch dieses enttäuscht die in es gesetzten Hoffnungen und weist den Plan ab.

1965 nähert sich der ökumenische Studienprozess seinem Abschluss. Als sich die westeuropäische Arbeitsgruppe im ökumenischen Studienzentrum Bossey bei Genf trifft, um einen „vorläufigen Bericht" zur Weiterleitung an den Arbeitsausschuss und die anderen Studiengruppen abzustimmen, kommt es zu einem denkwürdigen Auftritt ihres deutschen Reisesekretärs. Wie es in der Genfer Zentrale üblich ist, reist Hans Jochen Margull mit einem vom Stab vorformulierten Kommuniqué an. Beim basisorientierten Werner Simpfendörfer entlädt sich in einer Arbeitspause am Parkplatz vor den Toren Bosseys sein aufgestauter Zorn über die Missachtung der in der Arbeitsgruppe ruhenden Kreativität durch die Genfer Bürokratie, die dem eigenständigen Denken der Arbeitsgruppenmitglieder durch ihre Vorgaben kaum Raum lässt. Er steigt auf das Dach eines der parkenden Autos und lässt eine Schimpftirade auf den Genfer Stab und insbesondere Hans Jochen Margull ab, dass es nur so kracht. Wie der Vater, so der Sohn, könnte man sagen, obwohl zu diesem Zeitpunkt Werner Simpfendörfer wohl kaum das Kasernenbild seines Vaters von 1919 im Kopf gewesen sein dürfte.

Zu einer nachhaltigen Störung im Vertrauensverhältnis zwischen Margull und Simpfendörfer führt der emotionale Ausbruch glücklicherweise nicht. Der deutsche, akademisch geschulte und präzise denkende Theologe Margull verbucht für sich die Situation als eine seiner wichtigsten ökumenischen Lernerfahrungen. Sie ist eine extrem ausgelebte, im Ansatz aber typische Szene für Werner Simpfendörfer. Schon Ralph C. Young, dem aus Kanada stammenden Sekretär für Laien- und Studienzentren beim Weltkirchenrat in Genf, war Werner Simpfendörfer bei seinem Erstbesuch in Bad Boll 1959 als aufrechter Streiter für eine hohe Beteiligungskultur in der Tagungsorganisation und für die Aufstellung der Tagesordnung durch die Teilnehmenden aufgefallen. Young hat ihn bei weiteren Begegnungen dann so sehr als einen „der wenigen Experten der Welt auf dem Gebiet der nicht-formalen Ausbildung aller Menschen Gottes" schätzen gelernt, dass er ihn 1965 in die ökumenische Konsultationsarbeit zwischen Genf und dem Vatikan über die Laienausbildung holt.

Der wichtigste Ertrag des ökumenischen Studienprozesses aber besteht für Werner Simpfendörfer in der Formulierung, dass *es der Welt erlaubt sein müsse, die Tagesordnung der Kirchen aufzustellen.* Für ihn wird sie die *Entscheidungsfrage der Kirchenreform.* Aber: Die Formulierung ist brisant, vor allem für den deutschen Kontext. Auf den ersten Blick scheint sie in einen Widerspruch zum großen theologischen Lehrer Karl Barth und in einen Bruch mit der Lehre zu führen, aus der sich das ökumenische Selbstbewusstsein bisher gespeist hatte. Das Nein der Bekennenden Kirche zu den Deutschen Christen bezog sich wesentlich darauf, dass diese sich vom nationalsozialistischen Siegeszug die kirchliche Tagesordnung haben schreiben lassen. Wie in ähnlicher Weise Ernst Lange legt Werner Simpfendörfer deshalb in seinen eigenen Texten nach 1967 sehr viel Wert darauf, sauber zu differenzieren.

Die Deutschen Christen haben mit Führerprinzip und Arierparagraphen die Tagesordnung ihrer Welt bruchlos übernommen. Sich die Tagesordnung von der Welt setzen lassen aber heißt für die Kirchenreformer, die Tagesordnung der Welt *nachdrücklich und ausdrücklich aus Jesu Geist und Wort heraus zu bearbeiten,* statt ihr das Feld zu überlassen und sich hinter die eigenen Mauern zurückzuziehen. In ihren bisherigen Strukturen und Arbeitsformen ist die Kirche dazu nicht in der Lage. Darum steht die Kirchenreform nicht in einem Gegensatz zum Barmer Bekenntnis der Bekennenden Kirche von 1934, sondern setzt dieses in der Welt im Wandel der sechziger Jahre angemessen um. Denn gemäß der biblischen Heilungsgeschichten Jesu *muss die Kirche durch Jesu Geist und Wort auf die Straße gebracht, unter die Leute gestellt, ins Weltgeschehen verwickelt sein. Jesu Geist und Wort verbieten ihr, die Straße zu meiden, an den Leuten vorbeizugehen, das Weltgeschehen für unerheblich oder gar unabänderlich zu halten. Jesu Geist und Wort gebieten der Kirche in allen Stücken eines: Präsenz, Anwesenheit, Interesse, jenes aktive und teilnehmende Dazwischensein.*

Archivar der Kirchenreform

Zur Ironie der Geschichte gehört, dass der erfolgreiche Abschluss des ökumenischen Studienprozesses, der die Kirchenreform in Deutschland in der Breite erst so richtig einleiten soll, in Wirklichkeit ihr Ende markiert. Dabei schreibt in der Tat die Welt die Tagesordnung der Kirche, aber es sind jüngere Akteure und andere gesellschaftliche Orte, an denen sich die größten Dynamiken abspielen. Notstandsgesetze und Parlamentseinzüge der NPD, die brachliegende Hochschulreform und der Vietnam-Krieg treiben vor allem nach dem Schah-Besuch und der Erschießung des in der Evangelischen Studentengemeinde engagierten Studenten Benno Ohnesorg in Berlin am 2. Juni 1967 die Studierenden auf die Straße. Zur Schlüsselgeschichte, wie die Studentenbewegung die Türen der Kirche zur Straße öffnet, wird für Werner Simpfendörfer die Christvesper an Heiligabend 1967 in der Berliner Kaiser-Wilhelm-Gedächtnis-Kirche. Fünf Studierende der Studentengemeinde haben einen biblisch-theologischen Protest gegen den Vietnam-Krieg auf Plakate gebracht und in die Kirche getragen. Sie werden aus der Gemeinde angegriffen und aus der Kirche geworfen. Rudi Dutschke, den die Studierenden um Begleitung gebeten haben, erklimmt die Kanzel und will vermitteln. Er kommt aber über die Anrede „Liebe Brüder und Schwestern" nicht hinaus, sondern wird von Kirchendienern eingekreist und festgehalten, während ein alter Mann mit seiner Krücke auf Dutschkes Kopf einschlägt. Die Gemeinde erstattet nicht gegen den Mann wegen Körperverletzung, sondern gegen die Studierenden wegen Hausfriedensbruch Anzeige.

Dieser Konflikt ist für Simpfendörfer die Einstiegsgeschichte für seinen Dokumentenband 1 einer fünfbändigen Kirchenreformreihe des Calwer Verlags – „Die Gemeinde vor der Tagesordnung der Welt" –, der 1968 erscheint. Es ist ihm nicht wichtig, den Namen des berühmten Beteiligten in diesem Konflikt zu nennen. Die Kirchenreformdebatten führen entgegen ihrem Anspruch ein Eigenleben jenseits der aktuellen großen weltpolitischen Dynamiken. Sie sind auf die Modernisierungsprozesse in der wissenschaftlich-technologischen Revolution und ihren soziologischen Folgen im Gemeinwesen konzentriert. Dass der Freund Ernst Lange zeitgleich zu seinem Kirchenreformengagement mit seinem „Eppler-Memorandum" zur „Aufgabe eines nationalen Ministeriums für Entwicklungshilfe im Kontext weltweiter Bemühungen um soziale Gerechtigkeit, wirtschaftliche Entwicklung und eine internationale Friedensordnung" regierungspolitisch interveniert, entdeckt Werner Simpfendörfer erst bei Recherchearbeiten im Genfer Archiv des Weltkirchenrates in den neunziger Jahren. Auch er kommt 1968 mit den politischen Turbulenzen in Berührung, als in der Evangelischen Akademie Bad Boll im Februar 1968 im Rahmen der berühmten Tagung „Novus ordo saeculorum oder: Das Problem der Revolution in Deutschland" der Tübinger Philosoph Ernst Bloch und Rudi Dutschke zum Gespräch zusammengeführt werden, das ihre Freundschaft begründete. Als mittlerweile stellvertretender Direktor muss Simpfendörfer mit für die Prügel einstehen, die sich – in einer massenmedialen Aufmerksamkeit ohnegleichen – die Akademie mit ihrer Einladung Dutschkes als Inbegriff eines Bürgerschrecks zuzieht. Doch er wie die gesamte Akademie tut dies mit Stolz. Aber zu den Kirchenreformdebatten findet 1968 keine direkte Verknüpfung statt.

Aus Werner Simpfendörfer, dem Gestalter der Kirchenreform in Württemberg und darüber hinaus, wird der Dokumentarist. Er schreibt seine erste Monographie „Offene Kirche – Kritische Kirche. Kirchenreform am Scheideweg" und legt sein kirchenreformerisches Vermächtnis im Kirchenreform-Band 4 in einem großen Aufsatz „Kirche in der Region – Theologie und Strategie" nieder, der 1970 erscheint. Es läuft auf den Aufruf an die Kirche hinaus, ihr Bildungshandeln zu intensivieren und sich als *Partnerin einer Lerngesellschaft* zu entdecken.

Der Aufruf ist nicht nur eine Forderung an andere. Auch persönlich steht der Wechsel in die Bildungsarbeit an. Er wird dazu Württemberg verlassen, aber er geht nicht in die Bildungsabteilung des Ökumenischen Rates nach Genf, ohne eine neue Institution für das kirchenreformerische Handeln in Württembergs evangelischer Kirche zu hinterlassen. An Synodalkonflikten im Vorfeld des Stuttgarter Kirchentags zwischen dem liberalen Synodalpräsidenten und Exponenten des schwäbischen Pietismus bildet sich im November 1968 die „Aktionsgruppe Kritische Kirche", die von nun an in organisierter Form die Demokratisierung der Kirche und der kirchlichen Öffentlichkeitsarbeit vorantreiben will. An ihr ist auch Bruder Gerhard beteiligt, den jedoch die programmatischen Differenzen unter den Reformern irritieren. Der demokratische Aufbruch ist dagegen ganz nach Werner Simpfendörfers Geschmack. Zugleich aber sieht er, dass die Kritische Kirche nur auf dem Weg einer Weiterentwicklung zur Offenen Kirche, die Raum gibt für plurale Positionen, Bestand haben wird. Darauf zielt seine Monographie. Er widmet sie *den Göppinger Freunden*, die nun ohne ihn weiterarbeiten müssen.

KAPITEL 5

Bildung für das ganze Gottesvolk – Die Genfer Jahre

1969 beginnt in der Boller Akademie die Diskussion über die Nachfolge Eberhard Müllers in der Leitung. Werner Simpfendörfer, seit 1967 Ökumenereferent und Stellvertreter des Direktors, ist bereit, die Leitungsaufgabe zu übernehmen. Er spürt aber, dass seine Karten nicht die besten sind. In einem Gespräch mit Eberhard Müller sucht er Klarheit. Dabei wird ihm deutlich gemacht, dass seine oft praktizierte Parteilichkeit einer solchen Führungsaufgabe entgegensteht. Zudem muss er zur Kenntnis nehmen, dass man ihm, dem Behinderten, das Management einer Institution nicht zutraut, die mittlerweile – einschließlich ihrer vier Dependancen – mehr als 200 Mitarbeitende zählt. Als Eberhard Müller 1971 in den Ruhestand geht, übernimmt ein Dreierkollegium mit Christoph Bausch als geschäftsführendem Direktor und Paul Gerhard Seitz und Klaus Lubkoll als beigeordneten Direktoren die Leitung der Akademie.

In dieser Situation wirkt ein Brief Ernst Langes – er ist seit 1968 Stellvertretender Generalsekretär des ÖRK in Genf – elektrisierend. Ernst Lange, der Simpfendörfer aus gemeinsamer Arbeit an der ökumenischen Studie zur „Missionarischen Struktur der Gemeinde" kennt, lädt ihn ein, in dem von der IV. Vollversammlung in Uppsala (1968) neu eingerichteten „Büro für Bildungsarbeit" mitzuarbeiten. Für diese ökumenische Aufgabe hat Simpfendörfer sich durch seine Akademiearbeit, vor allem aber durch Initiativen und Beiträge zu einem auf Europa bezogenen Konzept für ein Laienbildungsprogramm (Lay-Leadership-Training) empfohlen. In einem Brief an den Stuttgarter Oberkirchenrat bittet der Generalsekretär des ÖRK, Eugene Carson Blake, um Simpfendörfers Freistellung für die Genfer Aufgaben. Angesichts der finanziellen Engpässe der Genfer Zentrale bittet er auch darum, dass die Württembergische Landeskirche das Gehalt für ihren Pfarrer in Genf übernimmt. Der Berufung nach Genf wird in Stuttgart zugestimmt, dessen Finanzierung jedoch aus prinzipiellen Erwägungen abgelehnt. Gleichwohl ist man bereit, seine Versorgungsanwartschaft gegenüber der Landeskirche aufrechtzuerhalten, ohne dass Genf Beiträge leisten muss. Aus Bad Boll wird Simpfendörfer im August 1969 festlich verabschiedet, von Eberhard Müller versehen mit dem Wunsch, im neuen internationalen Milieu mit seinem Ideenreichtum immer auf dem Boden der Tatsachen zu bleiben.

Genf in Aufbruchstimmung

Als Simpfendörfer im September 1969 in Genf beginnt, ist der amerikanische Presbyterianer Eugene Carson Blake seit drei Jahren Generalsekretär des ÖRK. Er hat sich in der Bürgerrechtsbewegung einen Namen gemacht und im Dezember 1966 – nach einem Konflikt um die Nachfolge Visser't Hoofts – das Erbe dieser Symbolfigur der Ökumenischen Bewegung angetreten. Mit der „Christliche(n) Antwort auf die soziale und technologische Revolution unserer Zeit" der Genfer Konferenz (1966) ist ihm ein explosives Aufgabenpaket vorgegeben, mit dem sich die Kirchen den Herausforderungen der weltweiten Protestbewegungen stellen sollen. Zudem gilt es, erste finanzielle Krisen des ÖRK zu schultern, hatten doch amerikanische Kirchen seit Mitte der sechziger Jahre – nicht zuletzt als Folge der von dieser Konferenz signalisierten Kritik an US-amerikanischem Expansionismus und westlicher Dominanz – ihre Beiträge erheblich reduziert. Blake setzte – nicht ohne Erfolg – auf ein zusätzliches Engagement aus den Kirchen Westdeutschlands. Die wachsende personelle Präsenz bundesdeutscher Kirchen im Genfer Stab ist Ausdruck dieser Entwicklung.

Das Genf des Jahres 1969 ist von einer beispiellosen Expansion des Aufgabenbereiches geprägt. Die weitreichenden Beschlüsse und Empfehlungen der Vollversammlung von Uppsala

Werner Simpfendörfer während seiner „Genfer Jahre"

(1968) – sie stand unter der biblischen Losung „Siehe, ich mache alles neu!" – sorgen für Aufbruchstimmung. Es gilt die neuen Empfehlungen und Initiativen der Kirchen zur Entwicklungsarbeit umzusetzen, das „Programm zur Bekämpfung des Rassismus" zu gestalten und zu vermitteln, erste Dialoge mit Anhängern anderer Religionen und Glaubensweisen auf den Weg zu bringen und die Bildungsarbeit der Kirchen neu zu qualifizieren. Zudem bestimmt die Hoffnung auf eine baldige Mitarbeit der Römisch-katholischen Kirche die Tagesordnung aller Abteilungen. In dieser Aufbruchstimmung entstehen für Werner Simpfendörfer lebenslange Freundschaften, die durch Höhen und Tiefen halten. Philip Potter, Baldwijn Sjollema, Thomas Wieser und Reinhild Traitler begleiten ihn seitdem bis an sein Lebensende.

Die Genfer Arbeitsgemeinschaft als *Modell einer zusammenarbeitenden Weltgemeinschaft* – mit dieser Vision beginnt er seine Tätigkeit in der ökumenischen Zentrale. Er hat neu zu lernen, dass diese kein *Club der Gleichgesinnten* ist, sondern eine *Gemeinschaft täglich miteinander suchender und ringender Christinnen und Christen aller Hautfarben und Auffassungen.* In diesen Erfahrungen sieht er sich in seiner Überzeugung bestätigt, dass die ökumenische Gemeinschaft durch die schmerzhafte Annahme der eigenen Begrenztheit hindurch muss, dass sie sich nur durch Konflikte entwickeln kann.

Eine andere Bildung ist möglich!

Enthusiastisch verbindet sich Werner Simpfendörfer mit der *verschworenen Truppe* im Büro für Bildungsfragen: dem amerikanischen Professor Will Kennedy, dem brasilianischen Befreiungspädagogen Paulo Freire und dem befreundeten Weggenossen aus früheren Jahren Ernst Lange. Er firmiert als Referent für „Theologische Ausbildung", eine Stelle, die mit dieser Aufgabenbestimmung finanziert ist. Er selbst versteht sein zunächst auf drei Jahre befristetes Mandat jedoch als Arbeit an der Laienfrage beziehungsweise an der Erwachsenenbildung. Unter der Hand wird deshalb seine Stelle zur „Theologischen Ausbildung des ganzen Volkes Gottes" umfunktioniert. Nach der Strukturreform des ÖRK und der „Integration des Weltrates für christliche Erziehung" wird Simpfendörfer 1971 zum Vorsitzenden der Programmeinheit III „Bildung und Erneuerung". Er wird damit zum Vorgesetzten von 65 Mitarbeitenden, eine Aufgabe, in der ihm später die Südafrikanerin Brigalia Bam folgt. Konzept und Arbeitsteilung des Genfer Bildungsbüros werden im Winter 1970 von Will Kennedy, Paulo Freire, Ernst Lange und Werner Simpfendörfer in dessen Hinterzartener Ferienhaus entworfen, das er kurz zuvor zusammen mit seiner Frau Elisabeth erbaut hatte. Eingeschneit im hohen Schwarzwald entwickeln die neuen Kollegen die Arbeitsteilung des Genfer Büros und formulieren Arbeitshypothesen für zukünftige ökumenische Bildungsprozesse.

Zum ersten gemeinsamen Projekt wird im Mai des gleichen Jahres die Konsultation von Bergen (Niederlande), die unter der Losung steht „Die Weltbildungskrise und der Beitrag der Kirche zu ihrer Überwindung". Mit ihr stellt sich die Ökumenische Bewegung der weltweiten Bildungskrise, an der auch die Kirchen Anteil haben. Denn Sonntagsschule und Kinderkirche leeren sich, Jugenderziehung und Studentenarbeit verlieren an Anziehung und dort, wo Kirchen – wie in vielen Ländern der „Dritten Welt" – noch eigene Schulen und Universitäten besitzen, beginnt der Staat, diese Einrichtungen zu übernehmen. In Bergen versammeln sich Pädagogen, Erzieher und Bildungspolitiker in dem Bewusstsein, einen Schlüssel zur Weltentwicklung in der Hand zu halten. Sie formulieren ihren Auftrag entlang der alternativen Perspektiven von Domestizierung und Befreiung. Sie votieren für eine Bildung, die der Befreiung von Menschen und Völkern dient, damit sie Träger von Freiheit werden können. Sie suchen Alternativen zum elitären Schulsystem. Sie fordern, das in den Kirchen dominierende Konzept der *Ausbildung von Führungskräften* im Licht der Einsicht in die Bedeutung des *ganzen Gottesvolkes* neu zu entwerfen. Ein weltweites Netzwerk von Laienakademien, Zentren für gesellschaftlichen Wandel und Industriemissionen verweist auf eine mögliche Alternative zur Schulbildung. In ihr sollen Demokratisierung und Chancengleichheit, Erwachsenenbildung, lebenslanges und praxisorientiertes Lernen im Mittelpunkt stehen. Damit sind Arbeitsfelder formuliert, die den weiteren Berufsweg Werner Simpfendörfers bestimmen werden.

Grundlegend für den in Bergen proklamierten Aufbruch ist eine anthropologische Einsicht, die den zukünftigen Anwalt ökumenischer Didaktik fasziniert: „Der Mensch beginnt zu begreifen, dass er sich selbst mit seiner Welt und seiner Zukunft nicht als Datum vorgegeben ist, sondern als Projekt, als Potential, als Rahmenentwurf aufgegeben. Es ist letztlich dieses neue Verhältnis zu sich selbst, in tausend Sachverhalten gesellschaftlich wirksam, das die Pädagogen unruhig macht: der Mensch ist für sich selbst im umfassenden Sinn eine Bildungsaufgabe geworden" (Ernst Lange).

Simpfendörfer wird diese ökumenische Herausforderung später als Frage nach der Lernmöglichkeit und der Lernfähigkeit von Mehrheiten beschreiben: *Die ökumenische Bildungsarbeit konnte sich nicht am schulischen Erziehungssystem orientieren. Internationale Aufbaulager, ökumenische Konferenzen für Laien, Expertenkonsultationen, Jugendaustauschprogramme und Stipendienaufenthalte bildeten Jahrzehnte hindurch den konkreten Rahmen für ökumenisches Lernen, dessen Motivationskraft kaum zu überschätzen ist. Auf die Kehrseite dieser intensiven ökumenischen Bildungsarbeit hat Ernst Lange hingewiesen, der zwar die Wichtigkeit der Kaderschulung anerkannte, aber angesichts der kleinen Zahl derer, denen solche Lernmöglichkeiten offen stehen, die Frage stellte, welche Möglichkeiten des „Lernens von Mehrheiten" es wohl geben könne.* Seit jenen Genfer Jahren wird diese Frage zu einem der zentralen Themen seiner weiteren Bildungsarbeit. Ob dies in einem einheitlichen Konzept internationaler Erziehung möglich ist, bleibt zwischen Simpfendörfer und Freire umstritten.

Paulo Freire – Ökumenische Pädagogik in Person

Vor allem die Begegnung mit Paulo Freire wird für Simpfendörfer zu einer der wichtigsten Erfahrungen, nicht nur der Genfer Zeit, sondern überhaupt. Diesen hatte seine mobilisierende Pädagogik beim Militärputsch in Brasilien 1964 ins Gefängnis gebracht. Nach der Ausweisung aus dem Land arbeitete er vier Jahre für die UNESCO und lehrte danach an der Harvard-Universität in Boston, bevor er als erster Katholik und Berater in die Dienste des ÖRK kommt. Seine katholische Frömmigkeit, verbunden mit Elementen der marxistischen Gesellschaftsanalyse und der Philosophie Erich Fromms führten ihn zu klarer Parteinahme für die Unterdrückten gegen die Unterdrücker. Er wurde so zum Begründer der weltweit geachteten Methode der „Conscientization", jener im lateinamerikanischen Kontext entwickelten Alphabetisierungsmethode, die die gesellschaftlichen und politischen Widersprüche in der Alltagswelt zur Sprache bringt.

Simpfendörfer begreift im Austausch mit ihm: *Der Mensch muss lernen, sein eigenes Wort zu sagen. Wenn ihm das gelingt, wird er frei und kann sein eigenes Leben gestalten. Erreicht wird dieses Ziel dadurch, dass Menschen angeleitet werden, ihre Bedürfnisse in der Auseinandersetzung mit ihrer konkreten Umwelt und im Gespräch mit den Nachbarn zu formulieren. Der Lehrer gehört dabei zu den Nachbarn und lernt selber ebenso wie er andere belehrt. Mit dieser Methode erreichte Freire, dass Analphabeten innerhalb von sechs Wochen Lesen und Schreiben lernten. Sie lernten dabei auch, wozu sie Lesen und Schreiben einsetzen können.*

In Paulo Freire begegnet Simpfendörfer die *ökumenische Pädagogik in Person*. Von ihm übernimmt er die Losung seiner Bildungsarbeit „aufrichten statt unterrichten". Er versteht ihn als einen pädagogischen Philosophen, von dem er – nach seinen eigenen Worten – *mehr Theologie gelernt habe als von vielen Theologen*. In der Begegnung mit ihm weitet sich seine theologische Orientierung. Durch Studium und Übersetzungsarbeiten war er von europäischer und amerikanischer Theologie geprägt. Diese Prägungen werden ihm nun bewusst und beginnen sich angesichts weltweiter Herausforderungen zu relativieren.

Für Freire ist die Bedeutung von Religion und Glaube für die Grundfragen menschlichen Lebens selbstverständlich. Deshalb attackiert er die in diesen Jahren in europäisch-amerikanischen Theologenkreisen populären Thesen zu einer „Theologie vom Tode Gottes". Auch Simpfendörfer beteiligte sich an dieser Debatte, versteht er sie doch als einen Beitrag, um die Volkskirche von falschen und toten Gottesbildern zu befreien. Aufbrechen und reformiert werden soll gemäß dieser Debatte das Gottesvolk zu neuen Gottesbildern und zu einer Kirche für andere. Freire sieht darin *theologische Spielereien, den Luxusartikel einer*

Theologie reicher Christen, Sorgen von Menschen, die keine anderen Sorgen haben. Für ihn ist der Gott der Armen nicht tot. Er ist ihnen ganz nah in ihrem Leben und ihren Kämpfen.

Nach Begegnungen mit Armen in Brasilien, Chile und Peru bekennt Simpfendörfer: *Ich begann mich meiner Luxuswelt zu schämen, auf die ich so stolz gewesen war. Ich begann mit den Ohren auf die Sprache der Frömmigkeit und Spontaneität der einfachen Menschen zu hören.* Bei ihnen, die in hautnaher und stetiger Auseinandersetzung mit ihrer Umwelt um ihr Überleben kämpfen müssen, entdeckt er, dass ihre Energie und Dynamik aus einem Glauben kommt, der lebendig geblieben ist, im Eifer um ihre Dörfer, um ihre Städte und um ihre Völker.

Freire lebt in Genf als politischer Flüchtling; er ist auch im ökumenischen Apparat so etwas wie ein Außenseiter. Gerade darum hat er einen entscheidenden Beitrag zum Büro für Bildungsfragen geleistet, weil er im Unterschied zu vielen westlichen Mitarbeitern die Leiden und das Schicksal der meisten Menschen dieser Erde geteilt und erlitten hat: Armut, Hunger, Unterdrückung. Simpfendörfer bringt seine Verehrung und Verbundenheit mit Paulo Freire damit zum Ausdruck, dass er dessen Hauptwerk „Pädagogik der Unterdrückten" aus dem Englischen übersetzt. Es erscheint – versehen mit einem brillianten Vorwort von Ernst Lange – 1971 in deutscher Sprache und prägt hierzulande Generationen von kritischen Pädagogen und Pädagoginnen.

Genf und die „hässlichen Deutschen"

In seinen Genfer Jahren brechen erste Konflikte zwischen dem ÖRK und der EKD auf. Das auf der Vollversammlung in Uppsala auf den Weg gebrachte „Programm zur Bekämpfung des Rassismus" (PCR) mit seinem umstrittenen „Sonderfonds" stößt in deutschen Kirchen auf heftigen Widerstand. Vor allem die 1970 vom Zentralausschuss des ÖRK in Arnoldshain beschlossene Vergabe finanzieller Mittel aus diesem Fonds an Befreiungsbewegungen im südlichen Afrika, „die die Anwendung von Gewalt nicht ausschließen", steht im Zentrum westdeutscher Kritik. Mitglieder des Genfer Stabes versuchen, soweit wie möglich durch Reisen und Gespräche Missverständnisse auszuräumen. Sie sprechen vor Synoden, Gemeinden und ökumenischen Gruppen. Aber die Konfrontation seitens der Kirchenleitungen – allein die Evangelische Kirche in Hessen und Nassau und die Evangelisch-Reformierte Kirche in Nordwestdeutschland unterstützen finanziell die Genfer Initiative – wird mit den Jahren eher heftiger. Immer wieder wird gegen das Genfer Programm mit dem Vorwurf der Gewaltanwendung argumentiert. Immer wieder wird eine Kontrolle vergebener Mittel eingefordert. Erste Drohungen und Rufe – gerade aus Simpfendörfers württembergischer Landeskirche – nach einem Austritt aus dem ÖRK werden laut.

Werner Simpfendörfer erlebt, wie innerhalb des Genfer Stabes ein altes Feindbild gegenüber den Deutschen neu erwacht. Es sind gerade die europäischen Kollegen und Kolleginnen, die während des Zweiten Weltkrieges unter deutscher Gewalt gelitten hatten, die entdecken, dass es westdeutschen Kirchen offensichtlich schwer fällt, solidarisch zu sein mit dem Widerstand schwarzer Völker gegen Kolonialismus und Apartheid. Einer von ihnen ist Baldwijn Sjollema, niederländischer Soziologe und Verantwortlicher für das PCR. Er hat mit dreizehn Jahren den Angriff Nazideutschlands auf seine Heimatstadt Rotterdam am 14. Mai 1940 erlebt. In ihm brechen in den Auseinandersetzungen mit westdeutschen Kirchen um den Sonderfonds Erinnerungen an eigene Kriegserfahrungen auf, alte Feindbilder von den „hässlichen Deutschen" werden wach.

In Werner Simpfendörfer findet er einen Gesprächspartner, der ihm hilft, am alten Feindbild zu arbeiten. Dieser bringt ihm jene Deutschen nahe, die unter Hitler zu Opfern wurden. Sjollema erkennt in Simpfendörfer jemand „auf der anderen Seite", der ihm helfen kann, aus seiner Gefangenschaft in Vergangenem herauszukommen und ein anderes, neues Bild aufzubauen. In ihm trifft er einen anderen Deutschen, der zuhören und verstehen kann, der lernbereit ist und Freundschaften knüpft über Gräben und Grenzen hinweg. Noch Jahrzehnte später bekennt

Sjollema: „Wir verstanden unser Engagement als einen Schritt auf die Vision zu ‚auf dass sie alle eins seien'. So hofften wir einen kleinen Beitrag zur Versöhnung in dieser Welt zu leisten."

Aber auch für Simpfendörfer wirken diese Auseinandersetzungen mit Kollegen und Kolleginnen wie Sjollema klärend und prägend. Wie schon in seiner Studienzeit begreift er die Tiefe der Verwundungen auf der Seite der ehemaligen Opfer deutscher Besatzung und Unterdrückung. Zudem erkennt er die Langlebigkeit eines nur vordergründig aufgearbeiteten Rassismus innerhalb deutscher Kirchen. Sjollema und Simpfendörfer müssen erfahren, wie schwer es ist, eine Ökumene der Freundschaft zu einer Ökumene der Institutionen zu entwickeln.

Abschiede

Auf der Sitzung des Zentralausschusses des ÖRK in Addis Abeba im Januar 1970 wird Werner Simpfendörfers Mandat beim ÖRK für weitere drei Jahre bis zum 31. August 1975 verlängert. Er nimmt diese Verlängerung mit großer Freude an. Dennoch kehrt er schon zum 1. September 1973 nach Deutschland zurück. Offensichtlich gibt es gewichtige Gründe – auch familiäre – dafür. Zwar ist Genf eine der Wurzeln der Familie geworden, deren man sich auch später gern gemeinsam erinnert. Doch die drei Söhne sollen ein deutsches Abitur machen. Zudem kann man vermuten, dass die mit der Strukturreform des ÖRK übernommenen erheblichen Verwaltungsaufgaben nicht seinen Neigungen und Interessen entsprechen. Auch lockt das attraktive Angebot, im Bereich der europäischen und deutschen Akademiearbeit Leitungsaufgaben zu übernehmen. Kein Geringerer als sein ehemaliger Vorgesetzter in Bad Boll, Eberhard Müller, kann ihn für die Doppelaufgabe begeistern, als Generalsekretär des Europäischen Leiterkreises der Akademien und Laieninstitute und als Ökumenereferent des Leiterkreises der deutschen Akademien zu arbeiten.

Doch die Gründe für seinen frühzeitigen Abschied aus Genf liegen tiefer. Die Strapazen der ökumenischen Tätigkeiten mit ihren vielen Reisen – USA, Korea, Japan, Moskau, Indonesien, Chile, Afrika – führen immer wieder zur Erschöpfung. Er kommt dabei an die Grenzen seiner gesundheitlichen Belastbarkeit, eine Erfahrung, die er lange zu verdrängen sucht. Zudem kann seine Frau Elisabeth in Genf – in einem Hochhaus in der Avenue des Amazones mit Blick auf das Mont-Blanc-Massiv untergebracht – nie richtig Fuß fassen. In Bad Boll ist sie trotz der Kindererziehung am beruflichen Freundschafts- und Kontaktnetz ihres Mannes direkter beteiligt gewesen. Da sie kein Französisch spricht, ist in Genf für sie alles schwieriger geworden.

Wie viele Frauen der Mitarbeiter im Ökumenischen Zentrum lebt sie familienbestimmt. Was Doreen Potter, die Frau des 1972 neu gewählten Generalsekretärs Philip Potter, damals in einem kurzen Text formuliert hat, nimmt sie auch für sich in Anspruch: Sie führt „ein um den Mann arrangiertes Dasein". Sie hat in erster Linie eine „Stabilisierungszone für dessen aufreibende internationale Karriere" bereitzustellen. Ihr Leben ist angefüllt mit Schule und Sport der Söhne und dem Abtippen der zahlreichen Übersetzungen ihres Mannes. Wenn es hoch kommt, geht es jedes Jahr einmal mit auf eine der vielen Dienstreisen. Es bleibt „keine Zeit, den Verlust der eigenen Wünsche zu beklagen, den Mangel an eigenen Vorhaben". So wird Elisabeth Simpfendörfer am Ende krank. Ihre innere Emigration mündet in eine Depression. Vor allem vom letzten Jahr bleibt ihr wenig – „nur Nebel und keine Luft zum Atmen". Sie beginnt in Bern eine psychotherapeutische Behandlung, die sie jedoch infolge des plötzlichen Todes des behandelnden Arztes im Frühjahr 1973 wieder abbrechen muss. Die Entscheidung, Genf zu verlassen, ist deshalb auch der Versuch, persönliche Krisen zu überwinden.

In die letzten Monate der Genfer Jahre fällt ein weiterer Abschied, der Werner und Elisabeth Simpfendörfer hart trifft. Am 4. Mai 1973 stirbt der Vater, Wilhelm Simpfendörfer, fast 85-jährig. Aus der Familie war an die Rückkehrer aus Genf die Erwartung herangetragen worden, ins Elternhaus nach Korntal zu ziehen, auch um die alt gewordenen Eltern zu pflegen. Sie haben – beide selbst angeschlagen – diesem Wunsche nicht ent-

Werner Simpfendörfer mit seinem Vater, Wilhelm Simpfendörfer, Mitte der 60er Jahre

sprochen und sich für Stuttgart-Bad Cannstatt als Wohnsitz entschieden. Vor allem Elisabeth muss sich das Recht auf den eigenen Weg durch „hartes Festbleiben" und mit therapeutischer Unterstützung erkämpfen. Bei dem Umzug der Eltern zum Sohn Gerhard, mittlerweile Dekan in Heilbronn, erkrankt der Vater an einer Lungenentzündung, an der er dann nach kurzer Zeit stirbt.

Werner Simpfendörfer hatte in den zurückliegenden Jahren wohlwollend auf die politischen Lernprozesse seines Vaters geblickt. Dieser hatte sich schon 1957 aus gesundheitlichen Gründen aus seinem Amt als Kultusminister zurückgezogen. 1965 legte er den Ehrenvorsitz der CDU in Baden-Württemberg nieder, weil seine Partei sich von der im gleichen Jahr erschienen „Ostdenkschrift der EKD" distanzierte, die zur Aussöhnung mit den östlichen Nachbarn aufgerufen und die Anerkennung der Oder-Neiße-Grenze als deutscher Ostgrenze empfohlen hatte. 1971 verließ er seine Partei wegen der von Rainer Barzel und Franz-Josef Strauß betriebenen „demagogischen Opposition gegen die Brandtsche Ostpolitik", zu der sich Wilhelm Simpfendörfer in einem Brief an den damaligen Bundeskanzler offen bekannte. In seiner Gedenkrede anlässlich der Beerdigung würdigt Werner Simpfendörfer den strengen und zugleich *generösen* Vater. Der Sohn zeichnet ihn mit Worten, die auch für ihn selbst gelten können. Er beschreibt ihn als einen Pädagogen, der ein Lernender geblieben ist bis zum Schluss, ja *man darf wohl auch von ihm sagen, dass er an dem lernte, was er litt.*

Werner Simpfendörfer kehrt in einer tiefen ökumenischen Unruhe nach vier Jahren nach Deutschland zurück. Er ist wieder im eigenen Lande, aber nicht mehr zu Hause. Ihn beschäftigt zunehmend die Frage, warum die westdeutschen Kirchen, die unter dem Nationalsozialismus eine Geschichte der Verfolgung und der Unterdrückung erlebt hatten, in der Ökumenischen Bewegung so schweigsam bleiben, wenn es um die Verletzungen der Menschenrechte in der Welt geht. Er fragt immer wieder, *warum hat uns eigentlich unsere eigene Leidensgeschichte in den Jahren Hitlers nicht zur Solidarität mit allen Leidenden dieser Erde geführt?* Tief beunruhigt ist er darüber, dass die Christinnen und Christen in Deutschland zu einem kirchlichen Fossil erstarrt sind und sie deshalb den Gott der Armen verfehlen könnten. *Dass sie dem Kreuz ausweichen und die Solidarität mit den Armen verlieren.*

KAPITEL 6

Zum Scheitern bereit – Lernfeld Europa

Die Rückkehr nach Deutschland konfrontiert Werner Simpfendörfer mit den Erträgen seiner zehnjährigen kirchenreformerischen Praxis in Deutschland vor den vier Jahren Genf. Ist etwas geblieben, woran er anknüpfen kann? Sein eigenes Urteil lässt an Deutlichkeit nichts zu wünschen übrig. Nichts von den Aufbrüchen aus den parochialen Strukturen der Kirche heraus hat Bestand gehabt. Aber Werner Simpfendörfer wäre nicht Werner Simpfendörfer, wenn er zur kritischen Abrechnung mit der Vergangenheit nicht auch strategische Worte in Richtung Neuorientierung finden würde.

Eine Akademietagung in Bad Boll zum Thema „Kirchenreform" vom 9. bis 11. Dezember 1974 ist die ideale Gelegenheit, Zeugnis für den anstehenden Umbruch abzulegen. Eine entscheidende Hilfestellung dafür holt er sich bei einem literarischen Gesprächspartner, der zwar seinerseits die Kirchenreformbewegung begleitet hatte und ihm seit ihrem ersten konfrontativen Zusammenstoß beim Süddeutschen Rundfunk 1956 immer näher gerückt war, der aber bisher nicht zu den häufig zitierten Gedankengebern gehörte, beim Rundfunkjournalisten, Verlagsredakteur und Publizisten Hans Jürgen Schultz. „Anstiftung zum Christentum" heißt dessen Buch. Es gibt Werner Simpfendörfer einen Schlüssel in die Hand, in äußerster Härte auf das Scheitern der Kirchenreform zurückzublicken und zugleich ein neues Tor in die Zukunft aufzustoßen.

Zukunft gewinnt nur, wer zum Scheitern bereit ist

Von Schultz übernimmt er die Devise „Sei bereit zu scheitern". Sie lässt ihn eine *Unbeirrbarkeit gegenüber Erfahrungen, die uns das*

Ziel unglaubhaft machen wollen, mit dem Eingeständnis verbinden, dass die alten Wege zum Ziel in Sackgassen geführt haben. Unter diesem Vorzeichen kann das auch eigene Scheitern ungeschminkt benannt werden.

Beide Ausbrüche aus der traditionellen Kirchlichkeit, der theologische und der strukturelle Ausbruch, die die ökumenische Strukturstudie 1961 bis 1966 auf die Tagesordnung gesetzt hatte, sind am Beharrungsvermögen der Institution gestrandet. Theologisches Ziel war es gewesen, die Aufmerksamkeit auf die Welt zu richten und Kirche als Instrument im Heilshandeln Gottes an der Welt zu sehen. Zehn Jahre nach dem Kölner Kirchenreform-Kirchentag, mit dem so viele Hoffnungen verbunden waren, heißt es nun: *Die Kirche ist eben doch wieder zum Thema Eins geworden. Die „Tagesordnung der Welt" ist praktisch zur Häresie erklärt worden wie auch der „christus extra muros ecclesiae"* (Christus außerhalb der Kirchenmauern), mit dem Dorothee Sölle in Köln das Kirchentagspublikum begeistert hatte. Es war zu vollmundig gewesen, dass die Trennung zwischen „profan" und „sakral" ein für allemal der Vergangenheit angehört. *Die ganze Debatte, die wir glaubten, hinter uns zu haben, kommt jetzt durch eine andere Tür wieder herein.*

Auch für den zweiten Kritikpunkt zum strukturellen Ausbruchsversuch gibt Hans Jürgen Schultz entscheidende Formulierungshilfen. In der Spannung zwischen Gruppe und Großkirche, zwischen Spontaneität und Institution liege begründet, dass Gemeinden grundsätzlich und auf Dauer nicht so flexibel organisiert werden können, dass sie sich in jeder Situation, ihren jeweiligen Handlungsanforderungen angemessen, neu strukturieren. Schon gar nicht gehe dies großflächig in landeskirchlichem Maßstab. Was als Experiment in Leonberg-Ramtel mit dem vierjährigen Miteinander von Gemeinde und Kolonie gelungen war, konnte nicht auf Dauer gestellt werden. Diese Erfahrung ist jetzt systematisierbar: *Ich schließe aus all diesen Beobachtungen, dass das System nicht im System reformiert werden kann. Die Rede von der „ecclesia semper reformanda" ist eine sehr fragwürdige Sentenz, jedenfalls dann, wenn sich die Kirche dabei selber als Subjekt versteht, wenn wir uns in dieser Sache als Subjekte verstehen.*

Am Ende – und nun wird die Selbstkritik sehr hart – sei wieder herausgekommen, was der Ausgangspunkt der Kirchenreform war: eine um sich selbst kreisende Kirche. Wie im Gleichnis vom barmherzigen Samariter, das eine Schlüsselgeschichte für den kirchenreformerischen Aufbruch war, der Samariter nur situativ und spezifisch hilft und sich, als das Notwendige getan ist, aus der Situation zurückzieht, hätte sich die Reform entsprechend mit der Endlichkeit von Innovationsgruppen begnügen müssen. Sie aber wollte mehr, wollte Spontaneität institutionalisieren. So müsse jetzt rückblickend die Frage gestellt werden, *ob in der „Kirchenreform" am Ende bloß der Levit gegen den Priester aufgestanden ist, wir es also gar nicht bis zum Samariter gebracht haben.*

Die Erfahrungen und Entwicklungen in Genf haben den Blickwinkel verschoben. Die Welt ist weiter und vielfältiger geworden und zugleich ist die Individualisierung vorangeschritten. In Genf gibt nun, so markiert Werner Simpfendörfer den Umbruch der Zeit, die Studie „Das Heil der Welt im Horizont der Erfahrung" den Ton an und nicht mehr die Kirchenreform-Studie „Die missionarische Struktur der Gemeinde". In der neuen, vom Freund Thomas Wieser für den deutschen Sprachraum bearbeiteten Studie sind die vorbereitenden Papiere mit Dokumenten der Weltmissionskonferenz in Bangkok am Jahreswechsel 1972/1973 zusammengeführt. Bangkok ist die erste ökumenische Versammlung, die Christen aus allen Teilen der Welt wirklich auf Augenhöhe ihre Zusammenkunft zelebrieren lässt. Die Akzente verschieben sich. Das Heil der Welt hängt einerseits am überzeugenden persönlichen Zeugnis der Individuen und andererseits an der Kommunikationsfähigkeit mit den andersartig anderen und damit an der Anerkennung von Differenz. Die Rollen werden vertauschbar: Sind „wir" in Europa die unter die Räuber Gefallenen, die auf die Hilfe vom Samariter aus der „Dritten Welt" angewiesen sind? *Kann die Dritte Welt den Westen heilen? Kann gar die „Welt" der Kirche helfen? Vor dieser Frage wird die Situation radikal offen.*

So endet der kritische Rückblick, der die Kirchenreform für erledigt erklärt, optimistisch. Das Ziel *Kirche für andere* bleibt bestehen, aber der Weg zum Ziel definiert sich neu: *Kirche für andere lässt sich zunehmend optimal in kritischen Kommunitäten verwirklichen*. Hans Jürgen Schultz hatte die Kommunitäten „zwischen Höhle und Markt angesiedelt". Werner Simpfendörfer nimmt das Bild auf und setzt es strategisch ein. „Höhle" steht für ihn für die *Wohnung des Ego, dessen, der auch irgendwo für sich selber sein muss*, „Markt" für die Öffentlichkeit, für das *Feld, wo wir uns zeigen müssen, Stellung beziehen müssen*. Beide Pole wachsen, wie Bangkok gezeigt hat, dialektisch verschränkt in ihrer Bedeutsamkeit: *einerseits die Ökumenizität und andererseits der Wille zum Spezifischen*. Die Spannung zwischen Höhle und Markt, zwischen Spezifischem und Globalem in der eigenen Lebenspraxis vereinen und gestalten zu können, ist der Ruf in das *Erwachsen-Werden*, der strategische Weg nicht mehr Kirchenreform, sondern Erwachsenenbildung.

An keiner Stelle wird in diesem auf sechs Seiten niedergelegten Tagungsbeitrag explizit gesagt, dass sich hinter den allgemeinen Überlegungen und Hinweisen auf objektive Entwicklungstendenzen auch Höchstpersönliches versteckt. Und doch ist es so: Werner Simpfendörfer redet aus der vollen Überzeugung heraus, mit seiner neuen beruflichen Position zum richtigen Zeitpunkt am richtigen Ort zu sein.

Ökumenische Begegnung auf Augenhöhe

Ihren Anfang nehmen seine Neuorientierungen anderthalb Jahre vor dem endgültigen Abschied aus Genf an einem interessanten ökumenischen Ort. Zum orthodoxen Osterfest 1972 sind 50 ökumenische Gäste aus 25 Ländern von sechs Kontinenten in der Orthodoxen Akademie auf Kreta versammelt. Die Versammlung ist politisch brisant; in Athen herrschen die Obristen, die nicht noch durch anhaltenden Besuchstourismus unterstützt werden sollen. Die Gründung der Akademie 1963 ist Eberhard Müller als Export der Bad-Boller Akademie-Idee vom kretischen Metropoliten Irenäus abgerungen worden, der die Akademie als Entwicklungsstrategie für die Landbevölkerung brauchte. Eberhard Müller ist es zu verdanken, dass die Orthodoxe Akademie mit ihrem emanzipatorischen Anspruch in ihrer schwierigen Lage nach dem Obristen-Putsch 1970 durch internationale Reputation gestärkt wird. Er initiiert gegen die Boykott-Tendenzen anderer Ökumeniker die Verlegung ökumenischer Treffen nach Kreta. So erlebt die Orthodoxe Akademie mit ihrem Leiter Alexandros Papaderos Ostern 1972 den Gründungsakt des „World Collaboration Committee of Lay Centres, Academies and Movements for Social Concern". In ihm verpflichten sich die beteiligten Zentren, auf Weltebene einander bei der Förderung des ökumenischen Lernens beizustehen, gemeinsam Modelle zu entwickeln und sich auszutauschen und als Katalysatoren für Kirchen und Gesellschaften zu dienen. Sie setzen um, was die Konferenz von Bergen zwei Jahre zuvor als nächsten Schritt aus der Bildungskrise entworfen hatte.

Eberhard Müller und Werner Simpfendörfer sind beide bei diesem Gründungsakt dabei und führen am Rande ein zukunftsträchtiges Gespräch. Es geht um das Angebot, auf der Basis einer halben Stelle Generalsekretär des Europäischen Leiterkreises der Akademien und Laieninstitute zu werden in Kombination mit einer weiteren halben Stelle als Ökumenereferent des Leiterkreises der Evangelischen Akademien in Deutschland. Das lange Gespräch mit dem einstigen Mentor Eberhard Müller in der Aufbruchstimmung der Collaboration-Committee-Gründung stellt die Weichen für die Annahme dieses Angebots, auch wenn es noch bis Ende August 1973 braucht, bis der Abschied von Genf wirklich vollzogen ist.

Mit dem Europäischen Leiterkreis ist Simpfendörfer bestens vertraut. 1956 ist er von Eberhard Müller zusammen mit dem Schweden Olov Hartmann und dem Niederländer Wim Kist ins Leben gerufen worden. Die Geschäftsführung hatte Eberhard Müller in Bad Boll angesiedelt. Verhandlungssprache war Deutsch. Konflikte um Müllers Alleingänge beim Export der Europäischen Akademie-Idee nach Ostasien (Japan, Korea und Taiwan) haben den Leiterkreis nicht zerrissen. Als Akteur an Müllers Seite – 1967 ließ sich Werner Simpfendörfer für einen vierzehntägigen Multiplikatoren-Kurs in „Diskussionsschulung" an die „Christliche Akademie" von Seoul abordnen – kennt er die Zwiespältigkeit dieses Handlungsfeldes Müllers aus eigener Erfahrung. 1968 gehört er zu den Nachwuchskräften des Europäischen Leiterkreises, für die dieser eine „Junioren-Tagung" auf dem Liebfrauenberg bei Basel organisiert, und lernt unter anderem Marga Bührig kennen, die Leiterin des Boldernhauses in Zürich, mit der er für den Rest seines Lebens befreundet bleiben wird.

Neuanfang in Stuttgart

Die gute Binnenkenntnis der Strukturen veranlasst den neuen Generalsekretär, seinen Dienstantritt mit entscheidenden strukturellen Veränderungen zu verbinden. Wenn ökumenische Beziehungen auf Augenhöhe das Ziel sind, dann muss der Europäische Leiterkreis dringend von der erdrückenden Dominanz Bad Bolls befreit werden, zumal wenn ein ehemaliger Bad Boller Generalsekretär wird. So verlegt Werner Simpfendörfer seinen Dienstsitz und damit die Geschäftsstelle nach Stuttgart, leitet eine Namensänderung in die Wege, die 1975 zum Abschluss kommt, und sorgt für die Mehrsprachigkeit der Konferenzen mit Englisch in der Führungsrolle.

Der neue Name „Ökumenische Vereinigung der Akademien und Tagungszentren in Europa" ist für ihn Programm. Aus einer elitären Versammlung dominierender Leitfiguren wird ein egalitäres Netzwerk von Freunden und Freundinnen. Präsidentin wird eine Frau – die Niederländerin Lideke In't Veld –, im „Exekutiv-Komitee" sitzt neben ihr mit der Simpfendörfer-Freundin Marga Bührig eine weitere Frau. In die Arbeit der Vereinigung werden über die Direktoren der Zentren hinaus nun auch Studienleiter und Studienleiterinnen eingebunden. Wenn ein Land zur Jahreskonferenz der Vereinigung einlädt, verteilt es in einer ersten Versammlungsphase die Tagungsgäste auf verschiedene Tagungshäuser und Zentren des Landes, um alle Schattierungen der

Arbeit kennen zu lernen, und wertet die gemachten Erfahrungen erst zum Schluss bei der zentralen Zusammenkunft aus. „Visiting community" heißt dieses Verfahren, das zu einem grundlegenden Lernmodell in der ökumenischen Didaktik wird.

Bei all diesen Veränderungsschritten spielt Werner Simpfendörfer eine entscheidende Rolle. Mit seiner „Definition" eines ökumenischen Netzwerkes spricht ihm der Westberliner Akademiekollege Peter Heilmann aus der Seele: „Ein ökumenisches Netzwerk ist eine Gruppe von Kolleginnen und Kollegen aus verschiedenen Ländern, die verbindlich und kontinuierlich an gemeinsam verabredeten Themen arbeiten, die dem Thema Frieden und Gerechtigkeit zugeordnet sind, und die die Hilfe für Verfolgte und gegenseitige Stützung nicht aus den Augen verlieren." Die Kolleginnen und Kollegen aus den anderen europäischen Ländern atmen auf. Für den Franzosen Jacques Chauvin, der das Centre Protestant Nord-Normandie in Tourcoing leitet, ist der Neubeginn unter dem neuen Generalsekretär geradezu eine „zweite Befreiung" von den Deutschen. Er hatte sehr unter der selbstherrlichen, auf der Macht des Geldes beruhenden und auf die deutsche Sprache konzentrierten Führung durch Eberhard Müller gelitten und erlebt nun Kooperation auf Augenhöhe. In der Theologischen Kommission der Vereinigung intensivieren Simpfendörfer und Chauvin im Gleichklang die Bemühungen um eine neue, kontextuelle Bibellektüre und organisieren Seminare über das „materialistische Bibellesen" zusammen mit dem Christlichen Studentenweltbund. Die Beziehung zwischen den beiden geht schnell über das Kollegiale hinaus, die Ehefrauen Elisabeth und Colette werden in die Freundschaft einbezogen.

Sein zweiter Dienstauftrag als Ökumenereferent im Leiterkreis der Evangelischen Akademien in Deutschland spannt für Werner Simpfendörfer gewissermaßen einen Rahmen um das europäische Handlungsfeld. Es geht um Vernetzung in Deutschland, aber in Ausrichtung auf die weltweiten Zusammenhänge. Persönlich bildet vor allem der alte Freund aus den Zeiten der Kirchenreform Paul-Gerhard Seiz eine Brücke zwischen den beiden Dienstaufträgen. Als für die Bereiche Bildung, Gemeinde und Ökumene verantwortlicher Akademiedirektor in Bad Boll ist er eine entscheidende Bezugsperson für die Ökumene-Arbeit im Leiterkreis der Evangelischen Akademien, und er gehört seit 1972 dem Exekutiv-Komitee des Europäischen Leiterkreises als dessen Vizepräsident an. Angesichts dieser persönlichen Rückendeckung in Bad Boll ist es umso höher einzuschätzen, dass Werner Simpfendörfer aufgrund seiner Sensibilität für symbolpolitische Botschaften in der Ökumene die Geschäftsstelle trotzdem nicht in Bad Boll belässt, sondern die Entscheidung für Stuttgart trifft.

Forum oder Faktor

Die Akademiedirektoren Paul-Gerhard Seiz und Martin Stöhr von der Evangelischen Akademie Arnoldshain können die Verstärkung durch ihren neuen, Genf-erfahrenen Ökumenereferenten gut gebrauchen. Sie sind die Exponenten der einen Seite im ausgebrochenen heftigen Streit darüber, ob Akademien „Forum oder Faktor" in gesellschaftlichen Auseinandersetzungen sein sollen.

Den Zündstoff dieses Streites bietet weiterhin Südafrika. Jetzt geht es nicht mehr nur um die Unterstützung von Befreiungsbewegungen, sondern um die Aufkündigung der wirtschaftlichen, militärischen und politischen Zusammenarbeit europäischer Länder und Firmen mit dem Apartheidsregime. 1972 war der Europäische Leiterkreis bei einer Tagung in Boldern, dem großen Deutschschweizer Tagungszentrum, das mittlerweile von Marga Bührig geleitet wurde, von seinen südafrikanischen Gästen Beyers Naudé und Chief Buthelezi in seltener Übereinstimmung zur positiven Haltung gegenüber einem Investitionsstop europäischer Banken und Multis im Südafrika-Geschäft herausgefordert worden. In der Folge stellen Arnoldshain und Bad Boll ihre entwicklungspolitische Tagungsarbeit auf Apartheidskritik und Abbruch der ökonomischen Beziehungen mit Südafrika ein, während andere Akademien wie Hofgeismar und Tutzing weiter Tagungen mit der regierungsfreundlichen Deutsch-Afrikanischen Gesellschaft ausrichten und Studienreisen nach Südafrika organisieren.

Der deutsche Leiterkreis gerät in eine Zerreißprobe. Das „Ökumenetriumvirat Simpfendörfer, Seiz, Stöhr" (Fritz-Erich Anhelm) setzt 1973 den Beschluss durch, Befürwortern der Apartheid in der evangelischen Akademiearbeit kein Forum mehr zu bieten. Der Protest der großen Industriefirmen, die in Südafrika engagiert sind, lässt nicht lange auf sich warten. Der Leiterkreis aber zeigt sich davon nicht beeindruckt. Er bleibt dabei, diese eine, einzige Tür, die die Akademien jemals zugesperrt haben, verschlossen zu halten. Für den Veteranen Eberhard Müller ist der Sündenfall in der Akademie-Geschichte eingetreten, der sein Lebenswerk zu zerstören droht. Eine Akademie, die sich parteilich für eine Seite einsetzt und ein engagierter Faktor gesellschaftlicher Veränderung sein will, verliert in seiner Sicht ihre moderierende Forumskompetenz und setzt ihre gesellschaftliche Wirksamkeit aufs Spiel. Der Gedanke, dass in gesellschaftlichen Konfliktsituationen ein überparteiliches Forum Parteinahme für den Status Quo bedeutet und denen ein Forum verweigert, die in den herrschenden Diskursen keine Stimme haben, ist jenseits seiner Verstehensmöglichkeiten. Der Bruch mit dem einstigen *Freund, Lehrer* und *Vorbild* ist jetzt unvermeidbar geworden, stellt Werner Simpfendörfer fest; *zuletzt haben wir uns im Streit getrennt.*

In der EKD spitzen sich die Konflikte zu. Es wächst gleichzeitig die Einsicht in die Notwendigkeit von Investitionen in den Kirchlichen Entwicklungsdienst, in entwicklungspolitische Bewusstseinsbildung und Gewissensschärfung auf der einen Seite und die Kritik am Antirassismusprogramm des ÖRK auf der anderen Seite. Das ökumenische Triumvirat richtet im Blick auf diese Auseinandersetzungen die „Konsultation Ökumene und Entwicklungsverantwortung" des Leiterkreises der Evangelischen Akademien (KÖE) ein und schafft einen entscheidenden Ort ökumenischen Lernens in Deutschland. Denn nicht nur Studienleiterinnen und Studienleiter der Akademien werden zur Tagungsarbeit der Konsultation eingeladen, sondern auch Vertreter anderer ökumenisch und entwicklungspolitisch engagierter Institutionen. Neue Freunde wie der Studienleiter des Deutschen Evangelischen Kirchentages Konrad von Bonin oder Gustav-

Adolf Krapf, Regionalbeauftragter für Mission und Ökumene der badischen Landeskirche, werden so hinzugewonnen.

Am stärksten werden die Konflikte in Württemberg ausgetragen. An der Universität Tübingen lehrt Professor Peter Beyerhaus, der Gegenspieler in der weltmissionarischen Arbeit. In der evangelikalen Kirchenfraktion der „Lebendigen Volkskirche" verfügt er über eine kirchenpolitisch brisante Verstärkung seiner Kampfargumente gegen die Antiapartheidsbewegung und gegen einen ÖRK, der sich nach seiner Sicht auf synkretistischen und säkularen Irrwegen befindet. Beyerhaus postuliert, die Ökumenische Bewegung habe ihr eigentliches Ziel der Einheit der Kirchen verlassen und sich unter ideologischem Einfluss auf eine Welteinheitsgemeinschaft mit einer Welteinheitsreligion ausgerichtet. Die Lebendige Volkskirche setzt die Bemühung um eine Einzelmitgliedschaft der württembergischen Landeskirche im ÖRK auf die Tagesordnung, um aus dem ÖRK austreten zu können. Der Gegenzug der Freundinnen und Freunde des ÖRK wie Seiz und Simpfendörfer ist ein breites Bündnis „Pro Ökumene", das sie 1975 ins Leben rufen. Es ist bewusst keine kirchenpolitische Synoden-Fraktion – die gibt es bereits mit der aus der „Kritischen Kirche" erwachsenen „Offenen Kirche" –, sondern eine freie Initiative, die intensiv auch auf der Basis einer finanziellen Selbstverpflichtung die ökumenischen Konferenzen und Programme begleitet und für den württembergischen Kontext interpretiert und bewusstseinsbildend verstärkt. Sie schafft es, nach einigen Jahren heftigster Auseinandersetzungen die Diskussion um einen ÖRK-Austritt verebben zu lassen und arbeitet bis heute als ökumenisches Gewissen in der Provinz Württemberg.

Herausfordern lässt sich Werner Simpfendörfer aber nicht nur durch die großen Ökumene- Auseinandersetzungen auf der institutionellen Ebene. Auch aus der Nachbarschaft wachsen ihm Konflikte zu, die er mit hohem persönlichen Engagement annimmt. Der Religionslehrer seiner Söhne am Gottlieb-Daimler-Gymnasium, Werner Gebert, soll entlassen werden. Gebert, württembergischer Theologe im Schuldienst und in der Nähe der Simpfendörfers in Bad Cannstatt wohnend, war mit Werner

Simpfendörfer seit einem Studienpraktikum in der Evangelischen Akademie Bad Boll Mitte der sechziger Jahre bekannt, ist jetzt aber mehr mit den Söhnen verbunden. Sein entschiedenes entwicklungspolitisches Engagement beeindruckt die Jungen. Beeinflusst vom Stuttgarter Kirchentag 1969 mit seinem Motto „Hungern nach Gerechtigkeit" hatte Gebert mit anderen zusammen die „Aktion Selbstbesteuerung" gegründet und eine erste große Produktkampagne zum Rohrzucker für die entwicklungspolitische Bildungsarbeit in Gang gebracht. Er unterhält Kontakte zu Gruppen der extremen Linken wie der Liga gegen den Imperialismus und arbeitet in der Simbabwe-Solidarität mit. Aufgrund dieser Praxis gerät er ins Visier des Verfassungsschutzes – es ist die Zeit, in der die sozialliberale Brandt-Regierung den „Radikalenerlass" auf den Weg bringt, der Angehörige des öffentlichen Dienstes auf ihre Verfassungstreue überprüfen lässt und bei begründeten Zweifeln zum Berufsverbot für die Betroffenen führt. Als Werner Gebert es wagt, bei der Gemeinderatswahl 1975 in Stuttgart auf der Liste der KPD zu kandidieren, freilich ohne Parteimitglied zu sein, reagiert das Oberschulamt sofort und kündigt ihm am Tag nach der Wahl. Gebert stellt einen Antrag auf Wiederaufnahme in den pfarramtlichen Dienst an die württembergische Kirchenleitung, die ihn für den Schuldienst beurlaubt hatte. Diese reagiert mit einer Hinhaltetaktik, da er „derzeit für den Pfarrdienst nicht geeignet" sei, und lässt das staatliche Berufsverbot wirksam werden. Simpfendörfers Söhne, Geberts Schüler, organisieren Solidaritätsaktionen für ihren Lehrer, doch weder ihr Engagement noch das ihres Vaters und engagierter Kirchenchristen seiner Generation haben Erfolg. Aber eine Familienfreundschaft wächst zwischen Geberts und Simpfendörfers, die beide Werner und Elisabeth heißen, und begleitet die ungewissen Jahre der Arbeitslosigkeit.

Als Werner Gebert nach drei Jahren mit vielen ergebnislosen Gesprächen auf eine endgültige Entscheidung des Oberkirchenrates drängt, erhält er im Juni 1978 sein Entlassungsschreiben. Der Freund Werner Simpfendörfer ist empört. Er lädt Gebert für ein langes Wochenende nach Hinterzarten ein, um mit ihm ein

Dossier gegen diesen Skandal eines „Radikalenerlasses in der Kirche" zu verfassen. Eine 44 Seiten umfassende Dokumentation entsteht mit Werner Simpfendörfers Einleitungssätzen: *Dieses Dossier will informieren. Das Signal, das der Evang. Oberkirchenrat mit der Entlassung Geberts gesetzt hat, muss klar gesehen und in seiner Tragweite begriffen werden. Die berufliche Existenz eines gläubigen Theologen wurde per Verwaltungsakt vernichtet, weil seine politische Überzeugung das Klima in dem gegenwärtig noch von Hans-Karl Filbinger regierten Lande stört.* Auch diese starken Worte helfen nicht; erst 1987 wird Werner Gebert offiziell rehabilitiert und muss noch bis 2001 warten, ehe er sich „Pfarrer" nennen darf. Das Einzige, was Werner Simpfendörfer zeitaktuell tun kann, ist dabei mitzuhelfen, dass Werner Gebert beim IDOC, einem internationalen und ökumenischen Dokumentations- und Kommunikationszentrum in Rom, unterkommt und wieder eine ihm angemessene entwicklungspolitische Arbeit leisten kann. Trotz der kirchenpolitischen Niederlage hat die gemeinsame Arbeit am Dossier doch ihr Gutes. Sie stärkt die Freundschaft.

Dominant bleibt für die Stuttgarter Jahre eine andere Erfahrung: Akademien und Tagungszentren, die KÖE, Pro Ökumene, die Europäische Vereinigung, später das Plädoyer für eine Ökumenische Zukunft – all dies sind für Werner Simpfendörfer die Kommunitäten von Hans Jürgen Schultz, in denen sich jenseits der kircheninstitutionellen Rücksichtnahmen Kirche für andere ausleben lässt. Es sind glückliche Berufsjahre der Entwicklung einer ökumenischen Didaktik, die lokale Prozesse in Württemberg mit Aus- und Fortbildungsschritten in Europa wie auf Weltebene im Gleichklang voranbringt und verknüpft. Die Fragen von Bangkok 1973 etwa tauchen zwei Jahre später im Tagungsprogramm von Bad Boll auf. „Kann die Dritte Welt den Westen heilen?", lässt Paul-Gerhard Seiz die Ökumeniker José Miguez Bonino und Paul Verghese mit dem deutschen Publikum diskutieren. Für Werner Simpfendörfer ist es das Anschauungsmaterial, wie seine Programmatik des ökumenischen Perspektivenwechsels Wirklichkeit wird.

Die Söhne Stefan, Christoph und Hans-Ulrich (v.l.n.r.), 1973

Ungleichgewichte im Familienleben

Für das Familienleben allerdings erweist sich Stuttgart als nicht nur glücklicher Ort. Die heranwachsenden Söhne gehen ihre eigenen linkspolitischen Wege jenseits der Spuren ihrer engagierten Eltern. Die vielen Abwesenheiten des Vaters bleiben nach Genf auch hier ein Problem. Gleichwohl halten die Eltern an ihrer bewusst antiautoritär-offenen Linie fest. Sie akzeptieren, dass ihre Söhne keine Konfirmation wollen und ersetzen diese durch selbstorganisierte Patenfeste. Die Söhne erleben ein Elternhaus voller Gastfreundschaft und Freiheit, wie es die Mitschüler und Mitschülerinnen nicht kennen. Mit Selbstverständlichkeit stellen die Eltern ihr Ferienhaus in Hinterzarten auch schon den minderjährigen Söhnen zur Verfügung. Nicht mehr ganz so häufig wie in der Genfer Zeit verwickelt der Vater, wenn er anwesend ist, die Söhne in lange Diskussionen über theologische, ethische und politische Fragen zum abendlichen Vesper. Die Mutter lebt eher ohne große Worte vor, wie man menschenfreundlich handelt.

Dass ihnen die Entwicklungen bei den Söhnen auch Sorgen bereiten, lassen die Eltern ihre Söhne nicht spüren.

Doch Elisabeth Simpfendörfer bekommen die Luft in Stuttgarts Kessellage und die Kälte der weitläufigen Erdgeschosswohnung in Bad Cannstatt nicht gut; Asthma beginnt sie zu plagen. Um eigene Perspektiven für die Nach-Elternphase zu bekommen, fängt sie eine Ausbildung zur Elternseminarleiterin an und bricht wieder ab. Eine Zeit lang arbeitet sie für Pro Ökumene als Sekretärin, erkennt aber bald, dass auch dies nicht ihr Ort ist.

Ganz im Gegensatz dazu erntet Werner Simpfendörfer jetzt die Früchte seiner Genfer Anfänge. Einen besonderen Höhepunkt stellt der erste wirkliche Welt-Kurs für die Leitung von Erwachsenenbildungseinrichtungen („World Course for Leadership in Lay Training", CLLT) 1976 in Bangalore dar.

Ökumenisches Führungstraining von unten

Die CLLTs sind seine Erfindung. 1968 und 1970 haben zwei 14 Wochen dauernde Kurse in Europa stattgefunden und das ökumenische Führungspersonal der späten siebziger und achtziger Jahre ausgebildet. Ein späterer Weggenosse in der Ökumenischen Vereinigung ist mit dem Portugiesen José Leite Absolvent des ersten Kurses. Doch das Muster des ökumenischen Lernens ist noch klassisch: Die erfahrenen Studienleiter aus dem Westen beziehungsweise Norden bringen den Nachwuchskräften aus dem Osten beziehungsweise Süden bei, was die Ökumenische Bewegung historisch und theologisch ausmacht, wie man Zentren leitet und methodologisch Laien-Bildungsarbeit durchführt. Dieser Weg ist mit der Gründung des World Collaboration Committee 1972 definitiv vorbei. Es geht jetzt um das Abenteuer gegenseitiger Lernprozesse auf Augenhöhe.

Sieben Wochen dauert der Kurs, den Werner Simpfendörfer als Programmverantwortlicher zusammen mit dem Hausherrn M. A. Thomas, dessen Frau Esther am ersten CLLT 1968 teilgenommen hatte, im sozialintegrativ engagierten „Ecumenical

Werner Simpfendörfer mit einer Teilnehmerin des CLLT-Kurses in Bangalore, 1976

Christian Centre" in Bangalore leitet. Ein Jahr lang ist er so intensiv vorbereitet worden, dass Werner Simpfendörfer dafür auf die mögliche Teilnahme an der Vollversammlung des Weltkirchenrats 1975 in Nairobi verzichtet hatte. Eine Woche lang werden zu Beginn die 35 Teilnehmenden aus 26 Ländern Europas, Asiens, Amerikas und Afrikas in sechs Teams auf eine Begegnungsreise „Encuentros" durch verschiedene Teile Indiens geschickt. Auch das zentrale Programm aus Seminaren, Vorlesungen und Diskussionsveranstaltungen bietet immer wieder Gelegenheit, kirchliche Projekte und Aktionsgruppen zu besuchen und zu beobachten, wie sie mit den schwierigen Bedingungen in Indien kämpfen. Das Programm führt in heftige interkulturelle Nord-Süd-Konflikte um Zeitstrukturen und Arbeitsweisen unter den Teilnehmenden hinein, die die Geduld und Moderationskunst des Programmleiters im Höchstmaß herausfordern. Dazu muss er selbst zum Lehrer-Schüler nach der Art Paulo Freires werden, der bereit ist, sein Methodenwissen im Blick auf unterschiedliche Kontexte und Lernsituationen neu einzustellen und zu flexibilisieren. Am Ende ist das Experiment gelungen. Zurück bleiben ein gesteigertes Verständnis für das globale Verantwortungsbewusstsein, Erinnerungen an die humorvolle Seite der Kulturkonflikte wie der Spruch eines Inders zum Schweizer: „Ihr habt die Uhren – wir haben die Zeit" und eine hohe Wertschätzung für die integrative Leistung des Programmchefs. *Paper doesn't work* – ökumenisches Lernen geschieht am besten in der menschlichen Begegnung, einmal mehr hat sich Werner Simpfendörfers Lebensweisheit bestätigt.

Trotz der erfahrenen persönlichen Anerkennung aber kehrt er aufgekratzt aus Bangalore zurück. Sein bisheriges Lehrgebäude der ökumenischen Einheit hat unübersehbare Risse bekommen. Er hat in Indien gelernt, dass die dortigen Entwicklungswege andere sind als der Nachvollzug europäischer Erfahrungen: *Für Indien heißt Entwicklung: Entwicklung der Dörfer und von den Dörfern her. Davon verstehen wir wenig.* Mehr noch: Er hat den Sinn einer Moratoriumsforderung aus der „Dritten Welt" eingesehen, die bedeutet, befristet und bewusst getrennte Wege zu gehen, um aus der Trennung neues Vertrauen zu gewinnen. Er hat entdeckt, warum die ökumenischen Prozesse im eigenen Lande nur so schwer vorankommen: *Ich glaube, weil ökumenische Erfahrung die Erfahrung der doppelten Entfremdung ist. Wer sich auf die Fremde einlässt, wird fremd – dort und zu Hause. Aus diesem doppelten Kultur-*

schock folgt die Erschütterung der eigenen Sicherheiten, Einbuße der Sprachfähigkeiten. Man muss gegen den Strom schwimmen. Es vollzieht sich eine Relativierung der eigenen Welt, ohne dass man sie beweisen kann. Im ökumenischen Bereich befinden wir uns in einem noch nicht kartographierten Niemandsland.

Exerzitium in Montpellier – eine Lerngeschichte

Die Fremdheitserfahrung in Asien hat ihn noch sensibler gemacht für Ungleichgewichtsprozesse auch innerhalb der europäischen ökumenischen Arbeit. Er vergegenwärtigt sich die *ökumenischen Demütigungen* der Franzosen in der europäisch oft deutschsprachigen und weltweit englischsprachigen Ökumene und verordnet sich zum lebensgeschichtlichen Einschnitt seines 50. Geburtstags ein *Exerzitium in Montpellier*. Für vier Wochen bezieht er im März 1977 eine winzige Bude in einem Studentenwohnheim Montpelliers, um Französisch zu lernen. Es fällt ihm, dem großen Meister der zwischenmenschlichen Kommunikation, ungeheuer schwer auszuhalten, dass bereits jeder Anflug eines Alltagsgesprächs mit den Mitbewohnern im Studentenwohnheim an seinem mangelnden Sprach- und Verständnisvermögen im Keim erstickt.

Besser wird es erst, als er seine eigenen Themen in der fremden Welt entdeckt. Gedenktafeln an Häusern zeugen von Spuren des Nazi-Terrors auch in Montpellier und machen ihm bewusst, dass er sich als Deutscher in der Heimat der französischen Résistance aufhält. Im Buchladen stößt er auf das Buch des Philosophen Roger Garaudy „Pour un Dialogue des Civilisations", das 1980 unter dem Titel „Plädoyer für einen Dialog der Zivilisationen" auf deutsch erscheint, und findet damit sein eigenes Arbeitsthema in französischer Sprache vor. An diesen Entdeckungen des Eigenen im Fremden, so schambesetzt es auch ist, intensiviert sich das Gespräch mit den Sprachlehrern über die Kurszeiten hinaus, und auch die Sprachfähigkeit im Alltag mit den afrikanischen studentischen Mitbewohnern etwa über den europäischen Fußballpokal kommt in Gang. So kann er nach vier Wochen eines sehr viel aufreibenderen Exerzitiums, als er je gedacht hatte, auf eine persönliche Lerngeschichte zurückblicken, die für ihn selbst, aber auch für die Vermittlung an andere etwas Grundlegendes über ökumenisches Lernen aussagt: *Nun verstand ich erst den tieferen Sinn jener ökumenischen Faustregel, dass wir es lernen müssten, die Welt und uns selbst mit den Augen der anderen zu sehen – mit den Augen derer nämlich, die „unten" leben. Mein Exerzitium hat mir etwas von den Schmerzen deutlich gemacht, die es zu ertragen gilt, wenn man in die Welt der anderen von unten eindringen muss.*

Die Rückkehr in eine studentische Existenz fast wie in Edinburgh zahlt sich aus. Durch die existenzielle Steigerung der Verunsicherung von Bangalore ins eigene Durchleben des Sprachlos-Werdens zeigt sich neuer Boden unten den Füßen. Mehr als je zuvor wird er zum gefragten Experten des ökumenischen Lernens.

KAPITEL 7

Abschied von der Provinz – Der Streit um die Volkskirche in Deutschland

Ab 1978 wohnen Elisabeth und Werner Simpfendörfer im Hochschwarzwald, drei Kilometer außerhalb von Hinterzarten, Im Bisten 7. Das Haus ist von Elisabeth in die Familie eingebracht worden. Ein kleines Erbe soll nach dem Verkauf ihres Elternhauses in Blaubeuren angelegt werden. Ein geeignetes Baugrundstück findet sich 1966 in Hinterzarten. Es muss schnell gehandelt werden, denn die Baugenehmigung ist befristet. So wird mit wenig Geld, aber viel Herzblut ein kostengünstiges Haus errichtet. Ende 1967 ist es bezugsfertig und wird zunächst als Ferienhaus genutzt.

Als alle drei Söhne 1978 das Elternhaus verlassen, ist der Weg frei, das Haus in Hinterzarten zum regulären Wohnhaus zu machen und das Sekretariat der Ökumenischen Vereinigung aus dem ungeliebten und für Elisabeth mit Asthma-Problemen behafteten Stuttgart nach Freiburg zu verlegen. Zum Glück macht Dorle Eisenmann, Werner Simpfendörfers Sekretärin, die ihm in vielem den Rücken frei gehalten hat und fast schon zur Familie gehört, den Umzug der Geschäftsstelle in die Fürstenberger Strasse 8 in Freiburg mit.

Für Elisabeth ist Hinterzarten das „rettende Ufer", ein „Neuanfang". Jetzt nach dem „Ende der Familienrolle" ist sie endlich „dran". So wird Hinterzarten vor allem ihr Ort. Die in Stuttgart begonnene Ausbildung in der Leitung von Elternseminaren trägt hier in der Ökumene vor Ort Früchte, im Müttergenesungsheim, im Ökumenischen Altenwerk und im Roten Kreuz. Sie gestaltet Gesprächskreise, Tanzkurse und Andachten und wirkt aktiv in evangelischen und katholischen Gottesdiensten mit. Je mehr sie nach außen drängt, desto mehr übernimmt nun auch ihr Mann Werner Aufgaben im Haushalt und rückt ein wenig von der bisher klassisch ausgelebten Männerrolle ab. Die Diskussionen mit den engen, vom Feminismus geprägten Freundinnen Marga Bührig und Marguerite Wieser tragen das Ihre dazu bei.

Hinterzarten und der Abschied von der Provinz

Obwohl völlig abgelegen, schreibt das Haus Ökumene-Geschichte. Wir erinnern uns: Schon 1970 war hier zu viert die Arbeitsteilung im Bildungsbüro des ÖRK zwischen William B. Kennedy, Paulo Freire und Werner Simpfendörfer unter der Leitung von Ernst Lange entworfen worden. Die Simpfendörfers empfangen über lange Jahre viele Gäste aus der ganzen Welt. Philip Potter verbringt 1980 nach dem Tod seiner ersten Frau Doreen hier ein viermonatiges „Sabbatical" und irritiert als Schwarzer die alteingesessenen Schwarzwälder. Bei Besuchen kommt ihm hier Bärbel von Wartenberg näher, die in Genf das Projekt „Die Frau in Kirche und Gesellschaft" betreut; im Dezember 1984 werden sie heiraten. Margot Käßmanns Erfahrungen im Zentralausschuss des ÖRK um die weltweite Umsetzung des Konziliaren Prozesses zur Gerechtigkeit, Frieden und Bewahrung der Schöpfung werden in Hinterzarten intensiv diskutiert und verarbeitet. Zu Wolfgang Huber, damals Professor für Systematische Theologie in Marburg und Heidelberg, der im benachbarten Dachsberg regelmäßig Urlaub macht, entwickelt sich ein intensiver Kontakt. Mit den französischen Freunden Colette und Jacques Chauvin wird mehrfach ein Haustausch in Urlaubszeiten praktiziert.

Das Hinterzartener Haus steht für die in den folgenden Jahren in Büchern und Aufsätzen entworfenen Perspektiven einer ökumenischen Didaktik. In einer intensiven Gesprächspartnerschaft mit Heinrich Dauber – Schwabe wie er – arbeitet Simpfendörfer über drei Jahre an diesem Projekt. Beide bewegen sich aus unterschiedlichen Perspektiven aufeinander zu. Der Alternativpädagoge von der Gesamthochschule Kassel fragt nach der strukturpolitischen und globalen Orientierung in der pädagogischen Ausrichtung ökologischer Gruppen und Bewegungen,

Werner Simpfendörfer mit Philip Potter, Generalsekretär des ÖRK, 1981

die vor allem auf das Gefühl persönlicher Betroffenheit setzen. Der Ökumeniker sucht die im Welthorizont gemachten Erfahrungen im deutschen Alltagsleben zu beheimaten. Angesichts erster dramatischer Auseinandersetzungen um die Lebensqualität in der eigenen Region – der erfolgreiche Kampf gegen die Pläne für ein Kernkraftwerk im Herzen des Kaiserstuhls bei Wyhl liegt nur wenige Jahre zurück – geht es ihnen um die *doppelte Lernbewegung, in der der vertraute Umgang mit der eigenen heimischen*

Umwelt und der Kampf um ihre Erhaltung sich verbindet mit der Offenheit gegenüber dem fremden Leben, dem Dialog und der Begegnung, die meine Provinzialität sprengt und zur Gemeinschaft befreit.

Das Ergebnis ihrer dreijährigen „Hinterzartener Gespräche" legen Dauber und Simpfendörfer 1981 in dem erfahrungsgetränkten Grundlagenwerk einer ökumenischen und ökologischen Didaktik vor: „Eigener Haushalt und bewohnter Erdkreis. Ökologisches und Ökumenisches Lernen in der Einen Welt". Sie haben es ursprünglich – in offensichtlicher Anlehnung an eine Formulierung von Ernst Lange – provokant „Abschied von der Provinz" nennen wollen. Eine Losung, die ihren Charme darin hätte haben können, dass sie sich in einen abgelegenen Schwarzwaldwinkel zurückgezogen haben, um diesen Abschied zu formulieren. Sie entscheiden sich dann aber doch für einen sachorientierten Titel, der ihre gemeinsame Erfahrung und ihr gemeinsames Programm besser ausdrückte. Schließlich ist auch der quadratische Kiefernholz-Esstisch, an dem die Hinterzartener Gespräche geführt werden, längst kein „dritter Ort" mehr, an dem man in einer beruhigenden Distanz auf das Weltgeschehen blickt und sein Viertele trinkt. Er ist der Austragungsort zeitaktueller Debatten geworden, wie sie in der Anti-AKW- und der Friedensbewegung geführt werden, wenn die Söhne die Eltern teilhaben lassen an ihren Demonstrationserfahrungen in Wyhl, Brokdorf, im Wendland und in Bonn und deren Sympathien ernten. Zwei Jahre später stehen auch die Eltern stolz in der Menschenkette zwischen Stuttgart und Ulm, um gegen den Nachrüstungsbeschluss der NATO zur Stationierung amerikanischer Mittelstreckenraketen in Deutschland zu protestieren.

Perspektiven einer ökumenischen Didaktik

Mit seinem eigenen Beitrag in der Publikation „Eigener Haushalt und bewohnter Erdkreis" zieht Werner Simpfendörfer eine erste Bilanz seines didaktischen Nachdenkens und entfaltet Dimensionen des ökumenischen Lernens als Leben lernen im Welthorizont. Er dokumentiert seine Weiterarbeit an der von Ernst Lange hinterlassenen Aufgabe einer ökumenischen Didaktik, die dieser angesichts seines frühen Todes – er wählte 1974 den Freitod – nicht mehr umsetzen konnte.

Die vier wichtigen Dimensionen des ökumenischen Lernens sind für Simpfendörfer: Lernen miteinander statt Lernen aufgrund von Informationen übereinander; selbsttätiges Lernen in offenen Situationen; Lernen durch Infragestellung und Konfrontation in der Begegnung mit Partnern aus anderen Teilen der Einen Welt; kein Lernen ohne Konsequenzen im Handeln. Es ist ein sehr modernes Bildungsverständnis, das wenig von formalisierten Lernsituationen und vorgegebenen Lerninhalten hält. Es weist der Didaktik lediglich die Aufgabe zu, Lernen mit Handlungskonsequenzen in prinzipiell offen gestalteten Begegnungssituationen zu ermöglichen. Immer noch sitzt ihm im Nacken, was ihm die kanadischen Freunde angetan hatten, als er 1977 auf dem Weg zu einer internationalen Konferenz über „The Bible in our Situations and in our Work" (Die Bibel in unserer Umgebung und am Arbeitsplatz) im Naramata Centre for Continuing Education Laienzentren und -bewegungen in Montreal besuchen sollte. Am Freitagabend in Montreal angekommen, wurde er auf sein Zimmer gebracht. Seine Gastgeber übergaben ihm einen Stapel Bücher und Schriften über Leben und Arbeit der Kirche in Kanada und ließen ihn allein, damit er sich über das Wochenende in die Situation einlesen könne, bis er am Montag abgeholt und herumgeführt würde. Ein ganzes Wochenende Bücherstudium statt lebendige Begegnungen – viel weiter hätten ihn die kanadischen Freunde nicht von dem entfernen können, was er sich als eine tiefe Erfahrung ökumenischen Lernens in der Begegnung mit dem kirchlichen Leben in Kanada vorgestellt hatte.

Zurückhaltung gegenüber der Vorstellung einer ökumenischen Didaktik ist darum jetzt seine Devise; *lieber sprechen wir von Lernwegen, die man begehen kann oder soll. Mit einem Weg macht jeder andere Erfahrungen, es gelingen ihm andere Beobachtungen, er findet Abkürzungen oder gewinnbringende Umwege.* Ökumenische Lernwege beginnen mit *Primärerfahrungen, Erfahrungen ökumenischer*

Realitäten „aus erster Hand", sie *sollen die Realität begreifbar machen, dass wir einer bewohnten Erde angehören, die für alle Menschen bewohnbar werden soll.* Dazu braucht es Tuchfühlung, Gesichter, Worte, konkrete Umstände, lebendige Begegnungen von Mensch zu Mensch, von Gruppe zu Gruppe, *ein Stück geteilten Lebens im Angesicht offenkundiger Unterschiedlichkeiten, Fremdheiten und Grenzen.* All dies ist in der entwicklungspolitischen Bildung und in ökumenischen Reiseprogrammen durchaus schon gut entwickelt. Aber es bleibt eine Grenze, auf die Kritiker des ökumenischen Lernens so einleuchtend hingewiesen haben, dass Werner Simpfendörfer die Kritik übernimmt: *Primärerfahrungen im geschilderten Sinne sind, so wird gesagt, nur einer kleinen Zahl zugänglich; der Mehrheit der Menschen bleibt diese Lernmöglichkeit verschlossen. Dieser Einwand wirft die grundsätzliche Frage auf, ob organisierte Lernprozesse überhaupt die Grenze von Minderheiten überschreiten können.*

Es sind die alten Fragen aus der Zusammenarbeit mit Ernst Lange rund um die Bildungs-Konsultation von Bergen 1970, die jetzt, zehn Jahre später, Antworten brauchen: Wie lernen Mehrheiten? Selbstkritisch sieht Werner Simpfendörfer, dass seine eigene Schwerpunktsetzung der letzten Jahre auf die Multiplikatorenbildung in den „Leadership Trainings" nicht den gewünschten Schneeballeffekt auf die Mehrheiten gehabt hat. So wichtig für die Ökumenische Bewegung und existenziell einschneidend die Lernwege bei den „ökumenischen Nachwuchskadern" auch waren, sind die vermeintlichen Multiplikatoren doch kleine Minderheiten geblieben.

Aus diesem Grund setzt sein systematisierendes Nachdenken noch einmal neu ein bei der Frage, ob es Mehrheiten gibt, die in ihren Lebenssituationen ökumenische Erfahrungen machen, auch wenn sie diese selbst nicht als solche begreifen. Ihm fallen zwei *Massenbewegungen* ein, die das Unterwegs-Sein verbindet und die doch gegensätzlicher nicht sein könnten, Flüchtlinge und Touristen: *Der Ausgangspunkt für beide Gruppen ist so gegensätzlich wie ihre Erfahrung, aber beide machen zweifellos einen ökumenischen Lernprozess durch: Grenzüberschreitung und Fremde bedeuten für die einen Leidenserfahrung und Verlust, sind für die anderen Aben-*

teuer und Lustgewinn. In ihrer jeweiligen Flucht- und Suchbewegung ist wohl beiden gemeinsam die Sehnsucht, auf der bewohnten Erde einen Fleck zu finden, der für sie so oder so ihren Vorstellungen entsprechend „bewohnbar" ist. In dieser Sehnsucht steckt für Werner Simpfendörfer der Kern, der den *ökumenefeindlichen Provinzialismus* der Mehrheiten, die sich von den Lebensschicksalen der anderen nicht berühren lassen, durchbricht. Flüchtlinge und Touristen sind darum für ihn zwei neue Zielgruppen, deren sich die Kirchen in ihrer ökumenischen Bildungsarbeit anzunehmen hätten.

Ein anderer Zugang, Mehrheiten für ökumenisches Lernen zu motivieren, ist der Weg über die Kinder, die Mehrheiten von morgen. Das war schon bei Ernst Lange ein besonderes Anliegen. An dessen Fragen schließt sich Werner Simpfendörfer nun für die achtziger Jahre an: *Wie lassen sich die frühkindlichen Sozialisationsprozesse in Elternhaus, Nachbarschaft und Schule ökumenisch infizieren?* Dass die Frage in Konflikte mit Lehrplänen, Lernzielen und Unterrichtsarrangements der Schule führt, ist ihm bewusst. Deshalb ist seine Perspektive eine Symbiose, die die außerschulischen Erziehungsbereiche von Elternhaus, Nachbarschaft und Erwachsenbildung bilden, um schulisches Lernen für ökumenische Erfahrungen zu öffnen; den lokalen Kirchengemeinden mit ihrer Missionsorientierung – kritisch gewendet – komme hier eine wichtige Initiatoren- und Vermittlungsfunktion zu.

Damit Sprachbarrieren nicht ein entscheidendes Hindernis dafür werden, sich auf ökumenische Begegnungen einzulassen, müsse – dies ist das dritte Stichwort zur Charakterisierung der ökumenischen Lernwege nach den Primärerfahrungen und dem *Mehrheiten-Lernen* – die Sprachfähigkeit über die literarischen Sprachen hinaus auf *die zahlreichen Sprachmöglichkeiten des ganzen Menschen* erweitert verstanden werden: *Es sollte nicht unvorstellbar sein, dass in der Ökumenischen Bewegung Erfahrungsaustausch, Begegnung, Konsultation und Entscheidungsfindung auch über die Kommunikationsformen der Musik, des Symbols, der Liturgie und des Tanzes stattfinden.*

Die letzten beiden Stichworte sind *Verknüpfung* und *Identität*. Beim vierten Charakteristikum des ökumenischen Lernens zielt Simpfendörfer darauf, dass sich lokale Gemeinden zu globaler

Gemeinschaft verknüpfen. Dabei spielt die Organisation des eigenen Haushaltes, des Oikos, eine zentrale Rolle. Denn wer die Chancen und Krisen des eigenen Haushalts verstehen und bewältigen will, braucht die Verbindung zu anderen „Häusern" mit verwandten Problemen, um seine eigenen Chancen und Krisen voll zu verstehen und zu bewältigen. Hierin kommen ökologisches und ökumenisches Lernen zusammen. Und Konziliarität – die in der Ökumenischen Bewegung neu entdeckte altchristliche Praxis der Konfliktlösung – ist die Verfahrensweise, politisch und wirtschaftlich ungleiche ökologische Einheiten in einen gleichberechtigten Zusammenhang zu bringen.

Am wichtigsten ist für Simpfendörfer aber die Einsicht, dass das bedrohlichste Risiko ökumenischen Lernens zugleich ihr heilsamstes ist: Die ökumenisch inszenierte Identitätsverunsicherung verhilft zur eigenen Identitätsklärung. Denn *die Angst vor dem Fremden weicht in dem Maße, in dem ich die Angst vor mir selber verliere – und eben diese nimmt mir der Fremde, weil er dazu beiträgt, dass ich über mich selbst aufgeklärt werde.*

Aus diesen Gedanken entwickelt er sein neues Verständnis für die Aufgabe von Akademien und Tagungszentren. Davon ist auch sein Vortrag auf der VI. Vollversammlung des Ökumenischen Rates der Kirchen in Vancouver (1983) in der Arbeitsgruppe „Lernen in Gemeinschaft" bestimmt. Es ist die erste und einzige Vollversammlung des Weltkirchenrates, die er – zusammen mit seiner Frau Elisabeth – besuchen kann. Seine „Fünf Überlegungen zum Ökumene-Lernen" lässt er mit dem Hinweis auf die herausragende Bedeutsamkeit der Akademien und Tagungszentren, seinem eigenen Arbeitsfeld, enden: *Ökumene-Lernen braucht ein Netzwerk von Einrichtungen, Häusern und Zentren aller Arten und Größen, die dem Zustandekommen ökumenischer Grunderfahrungen dienen.*

Der Streit um die Volkskirche in Deutschland

Lernen im und am Konflikt, diese im Anschluss an Ernst Lange entfaltete Strategie ökumenischen Lernens wird von Werner

Simpfendörfer in diesen Jahren immer wieder auf die notwendigen Veränderungsprozesse der Kirchen in Deutschland bezogen. Die Frage treibt ihn um, inwieweit eine Volkskirche, zumal wenn sie sich wie in Deutschland in Gestalt von eigenständigen Landeskirchen organisiert, ihre ökumenische Verpflichtung wirklich wahrnehmen kann. Er entwickelt seine Analysen und Visionen vor allem im Kontext von Initiativen, Gruppen und Netzwerken, vornehmlich in „Pro Ökumene" und im „Plädoyer für eine ökumenische Zukunft", zu deren Gründungsvätern er zählt. In beiden Initiativen, die 1975 beziehungsweise 1979 als Protest gegen Absetzbewegungen deutscher Kirchen aus dem Ökumenischen Rat gegründet werden, wird – im Kontext der Auseinandersetzungen um Rassismus und Dritte-Welt-Entwicklung – für den ökumenischen Weg der deutschen Christenheit heftig gestritten.

In einem Vortrag vor der württembergischen Initiative „Pro Ökumene" charakterisiert Simpfendörfer „Das ökumenische Dilemma der Volkskirche" in äußerster Dramatik und Schärfe: *... die Macht, welche ihnen die volkskirchliche Verfassung verleiht, erweist sich als Ohnmacht, sobald sie sich anschickt, die Grenzen des volkskirchlichen Systems zu transzendieren. Jede Missachtung dieser Grenzen in öffentlichen Äußerungen oder finanziellen Entscheidungen droht die Grundlage des volkskirchlichen Systems zu zerstören. Ökumenische Verpflichtung ... lässt sich aber nur in ständigen Grenzüberschreitungen erfüllen.* Nicht nur deutsche Kirchen stehen in diesem Dilemma, es gilt auch für andere europäische Kirchen. Aber in Deutschland stellt sich dieses Dilemma als besondere Herausforderung: Hier haben Kirchen durch die staatlich eingezogene Kirchensteuer in besonderer Weise am Wohlstand der Gesellschaft teilgenommen und so ist ihnen plötzlich eine finanziell bedingte Schlüsselstellung innerhalb des Ökumenischen Rates zugewachsen. In den Texten des Plädoyers taucht in diesem Zusammenhang immer wieder das von ihm in reformatorischem Gestus gebrauchte Bild von der „Babylonischen Gefangenschaft der Kirche" auf. Einer Kirche, die sich angesichts ökumenischer Herausforderungen hinter den Mauern der eigenen konfessionellen und geschichtlichen Traditionen zu verschanzen sucht.

Doch Simpfendörfer bleibt nicht bei diesem soziologischen Dilemma deutscher Volkskirche stehen. Er übt theologische Kritik in Fragen der Ekklesiologie, des Verständnisses von der Kirche. Er postuliert – in spürbaren Anklängen an seinen ehemaligen Ziehvater Karl Barth –, dass unter dem Schutz von immer wieder bestätigten Privilegien der Landesherren in der Theologie des deutschen Protestantismus das Nachdenken über das Wesen der Kirche seit jeher eine untergeordnete Rolle gespielt hat. Indem der deutsche Protestantismus sich mit einem Kirchenverständnis begnügte, das um die „Evangeliumsverkündigung" und die „Sakramentsverwaltung" kreist, hat dieser sich zwar eine große Freiheit im Blick auf die Strukturen der Kirche geschaffen. Doch er zahlt dafür einen hohen Preis: die Verkümmerung der Kirche als Gemeinde, als Gemeinschaft, als Volk Gottes. Die ökumenischen Entdeckungen über Wesen, Einheit und Sendung der Kirche sieht Simpfendörfer innerhalb der EKD kaum aufgenommen. Zwar freut er sich, dass die seit Uppsala 1968 neu betonte „Katholizität der Kirche", ihr Selbstverständnis als universale Gemeinschaft und ihre Einsicht in ihre universale Sendung, etwa in den Spandauer Beschlüssen zum Kirchlichen Erntwicklungsdienst (1968) einen Niederschlag gefunden hat. Das finanzielle Aufkommen deutscher Kirchen in dieser Sache erscheint vorbildlich. Aber bei der Frage der Verwendung entwicklungspädagogischer Gelder ist schnell zu erkennen, *wie eng die Grenzen des volkskirchlichen Systems sind*. Dies ist zumindest die Erfahrung der Evangelischen Frauenarbeit, der die finanzielle Unterstützung ihrer Kampagne „Kauft keine Früchte der Apartheid!" verweigert wird.

Die von Simpfendörfer inspirierten Vorbereitungsprozesse für die ökumenische Vollversammlung 1983 – mit den vom „Plädoyer für eine ökumenische Zukunft" organisierten „Mainzer Ökumenischen Tagen" als Höhepunkt (1982) – sind von der tiefen Skepsis gegenüber den Möglichkeiten der deutschen Volkskirche geprägt. In der Mainzer Ökumenischen Erklärung – getragen von einem bunten Bündnis ökumenischer Initiativen und ehemaligen Mitgliedern der Bekennenden Kirche wie Eberhard

Bethge und Karl Herbert – werden Perspektiven einer ökumenischen bekennenden Kirche angesprochen, die Generationen übergreift.

Vor allem nach der überraschenden Wahl des deutschen Auslandsbischofs, Heinz Joachim Held, zum Vorsitzenden des Zentralausschusses des ÖRK in Vancouver stellt Simpfendörfer immer wieder die Frage nach Macht und Machtmissbrauch als Kernproblem der Beziehungen deutscher Kirchen zur Genfer Zentrale. Aber auch gegenüber vielem, was von Initiativen und Gruppen etwa im Konziliaren Prozess an ökumenischem Lernen eingeleitet und umgesetzt wird, spricht er von ambivalenten Prozessen, in denen den volkskirchlichen Selbstbehauptungsinteressen immer noch zu viel Macht eingeräumt wird. Beharrlich wirbt er für die Einsicht, dass noch lange nicht das Ende von Kirche gekommen ist, wenn *die uns bekannten Formen von Kirche zu Ende gehen, abgelöst werden von anderen, die wir uns vielleicht noch gar nicht vorstellen können*. Dabei setzt er alternativ zur Volkskirche auf eine *Kirche des Volkes*. Sie sieht er jetzt schon im Wachsen als einem *weltumspannenden Bund ungezählter Gruppierungen und Gemeinden von Christen ..., die sich einüben in die missionarische Lebensweise einer alle Grenzen überschreitenden Gemeinschaft, die sich zur Gegenseitigkeit verpflichtet hat*. Diese Kirche des Volkes ist orientiert an den Herausforderungen des gesamten bewohnten Erdkreises, sie steht im *Dienst der Opfer*. Dabei stellt er mit einer steilen theologischen These fest: *Mit dieser Option für die Opfer kommt die Kirche des Volkes ihrem geheimen Ursprung wieder nahe, dem Kreuz Christi*. In biblischer Sprache umschreibt er diese Verheißung: *Eine Kirche, die sich in diese Richtung verändert, darf auf die österliche Erfahrung bauen, dass im Ende der Anfang neuen Lebens verborgen liegt*.

In einer Thesenreihe zu „Denkmodellen einer Kirche von Morgen" – die Jahreszahlen 1977 und 1985 auf diesem Dokument zeigen, wie prägend für Simpfendörfer diese Vorstellungen in diesem Zeitraum sind – spricht er von einem neuen missionarischen Lebensstil der Kirche. Deren fünf wichtigste Elemente sind: Leben in Lerngemeinschaften, konziliare Praxis des Teilens von Erfahrungen und Ressourcen, eine Theologie des ständigen

Unterwegsseins, eine Spiritualität des Kampfes im Miteinander von „Beten und Tun des Gerechten", Bereitschaft zu Selbstbegrenzung und Leiden. Er spricht in seiner Vision einer anderen Kirche immer wieder von ihrer *Diasporafähigkeit,* von der Möglichkeit, ihr Licht und ihr Salz auch als zerstreute Minderheit zur Wirkung zu bringen. Diese Perspektive, die schon in der ökumenischen Studie „Die missionarische Struktur der Gemeinde" in den sechziger Jahren zur Sprache gekommen war, sucht er nun für die kirchlichen Prozesse zu Hause auszubuchstabieren.

Gefeiert zum Abschied

Zum Ende des Jahres 1985 geht Werner Simpfendörfer im Alter von 58 Jahren in den Ruhestand. Von fachärztlicher Seite wird dringend zu diesem Schritt geraten, nachdem ihm schon 1982 eine hundertprozentige Erwerbsunfähigkeit bescheinigt worden war. Die „sich schicksalhaft verschlechternden angeborenen Leiden" haben in den zurückliegenden Jahren zu einer Verringerung der Körpergröße um mehr als acht Zentimeter geführt. Nach dem fachärztlichen Gutachten „verschlechtert sich mit diesen zunehmenden Verformungen auch die Funktion der inneren Organe, der Lunge, des Herzens und auch des Magens". Es fällt ihm schwer, dem Rat der Ärzte zu folgen angesichts der immensen Aufgaben, vor die er sich gestellt sieht und die er auch immer wieder anpackt. Doch die Botschaft seines Körpers ist unüberhörbar.

Aus vielfältigen Funktionen, an mehreren Orten und auf unterschiedliche Weise wird er im Laufe dieses Jahres festlich verabschiedet. In Agape, dem Zentrum der Waldenserkirche in Italien, feiert die Ökumenische Vereinigung der Akademien und Tagungszentren in Europa ihren scheidenden Geschäftsführer. In Bad Boll dankt ihm der Leiterkreis der Evangelischen Akademien in Deutschland für sein rastloses Engagement. Beide Organisationen würdigen ihn mit der Festschrift „Ökumenisch Lernen", seinem zentralen Thema der zurückliegenden zwölf Jahre. Fritz Erich Anhelm, Generalsekretär des Leiterkreises, Christoph

Bausch als Hausherr in Bad Boll und Max Keller, Direktor der Paulus-Akademie in Zürich, haben sie gemeinsam zusammengestellt.

Noch ehrenvoller ist, was sich der Freund Heinrich Dauber an der Gesamthochschule Kassel zu seinem Abschied einfallen lässt. Am 19. November 1985 verleiht der Fachbereich Erziehungswissenschaft/Humanwissenschaft der Gesamthochschule Kassel dem Pfarrer Werner Simpfendörfer die „Würde eines Doktors der Philosophie ehrenhalber". Sie würdigt damit seine „wissenschaftlichen Leistungen auf dem Gebiet der Kirchenreform und der Erwachsenenbildung, seine Verdienste um ökumenisches Denken und Handeln in Theologie und Pädagogik sowie sein unerschrockenes Eintreten für Frieden, Gerechtigkeit und die Bewahrung der Schöpfung in der Einen Welt". Laudatoren sind – auch dies kennzeichnend für den Geehrten – ein Mann und eine Frau, Reinhild Traitler und Wolfgang Huber.

Doch Werner Simpfendörfer wäre nicht Werner Simpfendörfer, wenn es allein bei der von mehr als 200 Freundinnen und Freunden und Familienmitgliedern besuchten offiziellen Zeremonie im schmucklosen Hörsaal geblieben wäre. Man fährt abends nach Hofgeismar in die Evangelische Akademie und zelebriert in fürstlichem Ambiente einen Abend und am folgenden Tag ein Symposion, bei dem geschlechtergerecht weitere Freundinnen und Freunde zu Worte kommen: Marianne Gronemeyer und Ivan Illich, Johanna Linz und Fritz Erich Anhelm. So stimmen Form und Inhalt eines pädagogischen Theologen, „dessen unverwechselbare theologische Leistung gerade in der Einheit von Theologie und Biographie, von Lebensgeschichte und theologischer Reflexion liegt" (Wolfgang Huber), vorbildlich überein. Werner Simpfendörfers Frankfurter Ökumene-Freundin Edda Stelck, mit der er in verschiedenen entwicklungspolitischen und ökumenischen Gremien manche Schlacht geschlagen hat, schwärmt von der Einmaligkeit der Zusammenkunft in Hofgeismar in ihrem Bericht für das entwicklungspolitische Magazin „epd-Entwicklungspolitik": „Es herrschte an diesem ‚Palaverabend' mit vielen Gruß- und Dankesworten, Episoden und Witzen ein Geist, wie man ihn bei sonstigen Treffen in der Kirche selten findet: ein Geist der Freundlichkeit, der Liebe, der Zuwendung, der Konkurrenzlosigkeit."

In den folgenden Jahren wird er sich sukzessive aus offiziellen Gremien und ehrenamtlichen Leitungsfunktionen zurückziehen, so aus der Mitarbeit bei der „Jungen Kirche" und „epd-Entwicklungspolitik", aus dem „Plädoyer" und aus „Pro Ökumene". Ohne dabei zu versäumen, jeweils Personen seiner Wahl als Nachfolger in den Gremien installieren zu lassen. Seine Reden zu diesen diversen Abschieden aus dem offiziellen Berufsleben sind geprägt von selbstkritischen Überlegungen, von Gefühlen, ein *unvollendetes Werk* zu hinterlassen, aber gerade deshalb auch von entschiedenem und entschlossenem Blick nach vorn. In Auslegung des Talmudwortes „Es ist nicht an dir, das Werk zu vollenden, du bist aber auch nicht frei, davon abzulassen", bekennt er in Agape, dass sein *Werk nicht fertig* ist, er den *eigenen Entwurf nicht verwirklicht* hat. Und er fügt zur Präzisierung seines Lebensthemas von Kindes Beinen an hinzu: *Der Torso hat aber eine bestimmte Richtung. Er zeigt in die Richtung der Solidarität. Diese Orientierung wollte ich geben.* Und sie gilt es durchzuhalten in *dürftigen Zeiten*, wie er schon 1984 vor der Paulus-Akademie in Zürich betont hatte. Zu eigenen Erwartungen angesichts dieses Abschieds kann er sagen: *Eine Grenze wird überschritten mit diesem Abschied, und diese Grenze hat die Verheißung von Neuland, von neuem Leben*. In einem Rundbrief aus diesen Wochen formuliert er dunkel ahnungsvoll die Gefährdungen des Abschieds als Wunsch, *dass die Besinnung auf das Eigene nicht zum Rückzug in das Eigene verkommt.*

Solche Verheißungen greift Simpfendörfer in seinem Kasseler Festvortrag aus dem Jahr 1985 auf, in dem er sich – im interkulturellen Kontext ökumenischer Befreiungstheologien – der Herausforderung einer „Befreiung für Westeuropa" stellt. Eine solche kann für ihn nur als Protest gegen die der eigenen Geschichte inhärenten Gewaltstrukturen verstanden werden, in einer *kulturellen Revolution*, die sich an den Werten der Solidarität und des Dialogs orientiert. Dieser Protest muss jedoch von der Liebe geprägt sein. In Anlehnung an seinen Genfer Weggefährten

Paulo Freire spricht er von dem *Vertrauen ins Volk* und von der *Kommunion mit dem Volk*. Die politische Ausdrucksform dieser Liebe zum Volk ist die Solidarität. Sie ist keineswegs konfliktfrei. Sie äußert sich als Solidarität mit den Schwachen, den Unterdrückten, den Abqualifizierten. Befreiung für Westeuropa, die *aufgeklärte Praxis aus Protest und Liebe*, diese Bewegung erkennt Simpfendörfer wirksam in den wegweisenden sozialen Bewegungen der frühen achtziger Jahre: *in zahllosen lokalen Initiativen und regionalen Gruppen, in internationalen Netzwerken und kleinen Kommunitäten, in Mahnwachen für Südafrika und in Leserbriefaktionen für Schwule und Lesben, in Hungerstreiks und Solidaritätsfasten, in Arbeitsloseninitiativen und ökologisch verantwortlichen Lebensstilgruppen, in Einrichtungen, die geschlagene und gedemütigte Frauen auffangen, und in wissenschaftlichen Instituten, die sich nicht mehr mit den offiziellen Expertisen abspeisen lassen – ja selbst in einer Kirche, die sagt: Wir sind es, die das Erbe der Friedensbewegung weitertragen müssen!* Ihnen allen, die unterwegs sind zur Befreiung, ruft er zu: *Anastasis – Auferstehung! Das neue Leben ist angebrochen. Anastasis – das heißt auch: sich aufrichten! Aufstehen! Eine Aufstandsbewegung ist im Gang – wer sich anschließt, sollte den Preis kennen.*

Und dann folgen jene denkwürdigen Sätze, die später – zu seinem Erstaunen und zu seiner Freude – durch den Eingang in das Gesangbuch der Württembergischen Landeskirche so etwas wie eine kanonische Qualität erhalten:

Wir werden nur wissen, was wir tun!
Wir werden nur haben, was wir teilen!
Wir werden nur lernen, was wir leiden!

Die drei Kasseler Aphorismen sind geraffte Zusammenfassungen von Simpfendörfers Lebensprozessen, Reflektionen seiner Erfahrungen und Einsichten. In ihnen kommt zusammen, was für ihn zusammengehört. Sie sind weniger originäre Gedanken als treffende Formulierungen. Anklänge an sie waren schon mehrmals zu finden. In seiner Abschiedsrede zum Tod des Vaters charakterisierte er diesen als einen, der lernte an dem, was er litt. Von

Daniel Thambyrajah Niles, einem Ökumeniker der ersten Stunde aus Sri Lanka, zitierte er seit den Zeiten der Kirchenreformbewegung immer wieder den Satz „Wir werden nicht wissen, was wir nicht tun". Im zweiten Aphorismus wird erinnert an Einsichten zu einer Ökonomie des Teilens, wie sie im Anschluss an Gandhi von dem indischen Ökonomen Samuel Parmar entwickelt wurde; seit den frühen siebziger Jahren sind sie zum Grundbestand ökumenischer Sozialethik geworden. Zusammengenommen spiegeln sich in den drei Sätzen Grunderfahrungen einer ökumenischen Gemeinschaft, die sich aus dem Mehrwert gemeinsamer Erfahrungen und geteilter Einsichten speist.

In dieser Rede identifiziert sich Werner Simpfendörfer erstmals öffentlich mit seiner Behinderung. Er sei einer von denen, *die Leiden und Gebrechen am eigenen Leib erfahren haben*. Später wird er daraus folgern: *Ein Mensch, der mit einer Behinderung geboren ist, ist auf die Grundfragen zurückgeworfen ... er ist prädestiniert mehr zu sehen als andere*. In dieser eigenen Erfahrung ist das anstößige „nur" der drei Aphorismen begründet. Weniger in einem protestantischen Fundamentalismus, so sehr der Eigensinn und die Härte dies nahelegen, mit der er gerade die Auseinandersetzungen mit seiner Kirche immer wieder führt.

Wir werden nur wissen, was wir tun: Diese pädagogische Losung huldigt nicht einem blinden Aktionismus. In ihr sind Erfahrungen aus der Kirchenreformbewegung aufgenommen, dass durch praktische Wagnisse – nur durch Experimente kommen wir weiter (Ernst Lange) – entscheidende Durchbrüche erzielt werden, um den vermeintlichen Dualismus zwischen kognitivem Wissen und Erfahrungswissen zu überwinden, den Gegensatz zwischen Institution und Bewegung zu verflüssigen.

Wir werden nur haben, was wir teilen: Diese Provokation aller gängigen Wirtschaftsdoktrinen ist für ihn alles andere als Sozialromantik. Sie speist sich aus der biblischen Verheißung Jesu und der Propheten, dass diejenigen das Leben mehren, die teilen lernen. Dies – jenseits aller moralisierenden Appelle – einsichtig zu machen, ist für ihn eine der zentralen Herausforderungen, um die allseitigen Krisen zu bewältigen.

Wir werden nur lernen, was wir leiden: Dieser persönlichste Aphorismus seiner Kasseler Rede huldigt keiner schwarzen Pädagogik oder sogar Leidensverklärung. Es kommt darin seine eigene Lebenserfahrung zum Tragen, dass Lernen nur im Angewiesensein möglich wird, dass eigene Verletzlichkeit Voraussetzung von Mitleidenschaft ist. In dieser Einsicht wird der Versuch gemacht, eigenem Leiden konstruktive Bedeutung zu geben. Sie entspricht dem, was Reinhild Traitler in Aufnahme eines Zitates von Ingeborg Bachmann in ihrer Laudatio angesprochen hatte: Gegen das Leiden kann nur protestieren, wer es selbst erfahren hat. Ja man kann sagen, in dieser Sentenz hat Werner Simpfendörfer – bewusst oder unbewusst – eine Aufgabe angesprochen, die zum zentralen Thema seiner Ruhestandsphase werden sollte: sich mit der eigenen Behinderung auszusöhnen, eigene Individualität und Invalidität zu verbinden.

So wie der Abschied aus Genf begleitet ist vom Tod des Vaters, so das Ende der Berufskarriere vom Tod der Mutter, die 1985 im Alter von 87 Jahren stirbt. Helene Simpfendörfer hat seinen schmerzvollen Weg des Erwachsenwerdens begleitet wie niemand sonst. Sie blieb für ihn Zeit ihres Lebens das Herz des Korntaler *Hauses in der Sonne*, wie er sie in einem Gedicht zu ihrem 80. Geburtstag feiert. Neben dem gestrengen Vater war sie das emotionale und heilende Zentrum der Familie. Nach dem Tod des Vaters hatte sie den ausgeschlossenen Sohn Jörg wieder in die Familie zurückgeholt und dessen Kindern das entzogene Erbe wieder zukommen lassen. Von ihr, dem *Mütterchen*, hat Simpfendörfer, wie er später im Briefwechsel mit Hans Jürgen Schultz festhält, nicht nur die Frohnatur mitbekommen – die Lust am Schönen, an Dichtung und Poesie –, sondern auch das zu Skrupeln neigende Wesen, den *Hang zu Melancholie und Depression*. Er charakterisiert sie als fast *excessive Altruistin, immer und ganz nur für andere da*, ängstlich darauf bedacht, *nur ja alles „recht" zu machen*. Mit diesem Erbe hat er es gerade in seiner letzten Lebensphase immer wieder zu tun.

KAPITEL 8

Ende oder Wende –
Freiburg, Hauptstraße 5

Pfingsten 1988 beginnt Werner Simpfendörfers *Konvivium* mit einer Sauerstoffmaschine, an die er täglich bis zu vierzehn Stunden – zehn bis zwölf zur Nacht und zwei zu Mittag – angeschlossen werden muss. Der „behinderungsbedingte Druck des Brustkorbes auf seine Lunge" – so die ärztliche Diagnose – wächst und führt zu zunehmender Atemnot. Die ärztlich verordnete „sauerstoffpflichtige Maßnahme" soll Erleichterung schaffen. Sie bringt jedoch zugleich Simpfendörfers bisherigen Lebensrhythmus durcheinander. Bedrückende Schlaflosigkeit und wachsende Isolation sind einschneidende Folgen der Abhängigkeit von der Maschine. In einer Mischung von Bitterkeit und Humor nennt seine Frau Elisabeth diesen ungeliebten Hausgenossen „Salomo" – der Weisheit letzter Schluss.

Nicht nur die gesellschaftlichen Entwicklungen der Jahre 1988 und 1989 stellt Simpfendörfer unter die Frage *Ende oder Wende?* Auch sein eigenes Leben lebt er zwischen Resignation und Hoffnung. Noch erlaubt es die gesundheitliche Situation, an wichtigen familiären und kirchlichen Prozessen teilzunehmen.

Im Sommer 1988 sendet der Süddeutsche Rundfunk seine Vortragsreihe „Propheten – Pilger – Partisanen" mit acht Porträts von Männern und Frauen, deren Engagement tiefe Spuren in der Ökumenischen Bewegung hinterlassen hat. Für die Buchveröffentlichung der Rundfunkvorträge verfasst er im Juli ein persönliches Vorwort; 1989 erscheint das Buch unter dem Titel „Ökumenische Spurensuche". Er schreibt in diesen Jahren bis zur Erschöpfung an einer Fülle von Vorträgen, Artikeln, Kommentaren, Rezensionen und Übersetzungen. Über zwei Monate arbeitet er an der deutschen Fassung des Berichtsbandes über das ökumenische Symposium „Dialog der Kulturen", das im Jahr 1984 zur Verabschiedung von Philip Potter als Generalsekretär des Ökumenischen Rates der Kirchen in Cartigny stattgefunden hat und von ihm mit vorbereitet worden war.

Trotz seiner zunehmenden Erkrankung mit wachsender Atemnot, Schlaflosigkeit und einem stetig steigenden Tablettenbedarf ringt er im Sommer 1989 seinem Körper und seiner Seele eine aktive Rolle bei der Vorbereitung und Gestaltung einer festlichen Jubiläumstagung zum zehnjährigen Bestehen des „Plädoyers" in Stuttgart ab. Voraussetzung dafür ist, dass er – aufgrund seiner Abhängigkeit von „Salomo" – vom Reyerhof in Stuttgart-Möhringen aus seine Teilnahme an der Tagung in der Evangelischen Stephanusgemeinde in Stuttgart-Bad Cannstatt organisieren kann. In Möhringen hat sein Sohn Christoph 1985 in ein Modellprojekt alternativer Landwirtschaft eingeheiratet. Unter dem Titel *Erhoffte Vergangenheit* legt Werner Simpfendörfer einen kritischen Rückblick auf zehn Jahre vor, in denen das „Plädoyer" versuchte, *ein ökumenisches Relais in der EKD zu bilden*.

Er, der über vierzig Jahre seines kirchlichen und ökumenischen Lebens viel Zeit und Phantasie in Programme investiert hat, verkündet nun seinen irritierten Zuhörern und Zuhörerinnen: *Auftrag ohne Programm*! Nach Simpfendörfer verbietet die gegenwärtige ökumenische Transit-Situation *eindeutige Parolen*. An die Stelle neuer Strategien gegen die Mauern babylonischer Gefangenschaft der Kirche – so die seit dem gleichnamigen Memorandum aus dem Jahre 1979 immer wieder formulierte Stoßrichtung der Plädoyerarbeit – setzt er den Ruf an die Maria am leeren Grabe Jesu, *Ostern unter die Füße zu nehmen*. Gegen vorschnelle Programme plädiert er für den ungesicherten Aufbruch, eine Suchbewegung, in der es wichtiger ist, *dass wir wieder Klarheit über unsere wahren Wurzeln gewinnen, als dass wir Gewissheit über unsere Ziele besitzen.*

Klinikaufenthalte

Im September 1989 fliegt Simpfendörfer nach Berlin und unterzieht sich am Krankenhaus Zehlendorf einer achttägigen Untersuchung, in der eine mögliche Operation der Lunge zur Beseitigung seiner Atemprobleme abgeklärt werden soll. Das Ergebnis ist negativ. Aufgrund seines Alters, der erheblich eingeschränkten Lungenfunktion und der in Mitleidenschaft gezogenen Wirbelsäule wird ein Eingriff als nicht Erfolg versprechend ausgeschlossen. Im Oktober 1989, wenige Tage nachdem er die Zwillinge seines Sohnes Stefan getauft hat, sinkt er in eine wachsende Depression, in abgrundtiefes Leiden. Seinem Sohn Christoph gelingt es, ihn zum Reden zu bringen. Dieser steckt ihm *das Licht auf*, dass er nicht in erster Linie an der Maschine und auch nicht am Ergebnis der Berliner Untersuchung leidet. Er selbst, mit seiner enger gewordenen Welt, ist sich zum Problem geworden. Gemeinsam schmieden sie Pläne, wochenweise in Möhringen auf dem Reyerhof zu wohnen, um der Einsamkeit des Hochschwarzwalds zu entkommen. Doch er tritt über Monate auf der Stelle und kann sich zu keiner Entscheidung durchringen.

Eine von Bruder Jörg vermittelte ambulante Therapie in der Psychiatrischen Klinik in Tübingen – hier hatte er zwanzig Jahre zuvor Ernst Lange besucht – bricht er ab. Sie ist nach seiner Einschätzung mit allzu vielen Medikamenten verbunden. Überhaupt wehrt er sich – trotz positiver Erfahrungen im familiären Umfeld – gegen jede Art von Empfehlungen zur psycho-therapeutischen Behandlung. Es beginnen Jahre der *Un-Zeit, kein Leben mehr*. Ein *Leben unter einer Glasglocke und Schmerzen*, in denen er für seine Angehörigen und Freunde oft *nicht mehr erreichbar* ist. Seine Frau Elisabeth pflegt ihn bis zur Erschöpfung.

Nach einem dreiwöchigen Aufenthalt im Kreiskrankenhaus Neustadt/Titisee wird er von dort aus am 11. Februar 1992 – einen Tag vor seinem 65. Geburtstag – in die Freiburger Psychiatrische Universitätsklinik überwiesen. Offiziell geht es darum, seine Medikation neu einzustellen. In der Osterwoche – zu Gründonnerstag – kann Simpfendörfer gleichsam im *Zustand eines frisch-Operierten* nach Hinterzarten zurückkehren. Mit den Erfahrungen der Klinik beginnt für ihn *eine neue Zeitrechnung*.

Über die neun Klinikwochen in Freiburg schreibt er nach der Entlassung: *In der Psychiatrie gelandet zu sein hat mich viele Wochen hindurch tief deprimiert und ich habe lange gebraucht, bis sich mein Widerstand in eine Ergebung wandeln konnte, die mich zur aktiven Mitarbeit am Heilungsprozess geführt hat.* Ohne die unerschütterliche Solidarität und Begleitung seiner Frau Elisabeth – so bekennt er immer wieder – hätte er diese Zeit nicht durchgehalten und den Neuanfang nicht bestehen können. Sie gibt ihm den Mut, den beschwerlichen Weg – die schweren Schlafstörungen haben sich gebessert – weiterzugehen. Die Sauerstoffmaschine wird er auch nach den Freiburger Wochen zunächst noch tageweise als unterstützende Maßnahme benötigen.

Rückblickend beschreibt er im September 1992 seine Erfahrungen in der Klinik: *Dort hatte ich unter vielen Schmerzen ein Neuland ganz eigener Art zu entdecken! Ich mußte das ABC des Lebens auf seiner anderen Seite, auf der dunklen und angstbesetzten Seite lernen – und ich bin eigentlich immer noch im Buchstabieren. Aber seit ich an Ostern entlassen wurde, geht es – mit ups and downs – aufwärts und vorwärts und ich erlebe das neue Leben mit zunehmender Hoffnung und Freude. Dass ich diese Erfahrung nicht nur überstehen, sondern auch mit neuen Anfängen verknüpfen konnte, verdanke ich der Begegnung und Anleitung einer ganz ungewöhnlichen Frau: Frau Professor Hildburg Kindt.* Er hat sich in der Freiburger Universitätsklinik erstmals einer intensiven pharmakologischen und psychotherapeutischen Behandlung gestellt, die in seiner Sicht eine völlige Neuorientierung seines bisherigen Lebens bedeutet.

Nach seiner Entlassung fährt er noch längere Zeit zusammen mit seiner Frau Elisabeth einmal wöchentlich zur Behandlung nach Freiburg. Die Gespräche zu dritt werden für ihn zu einer umstürzenden Erfahrung, von der er bekennt: *Ich bin in einen Prozess tiefgreifender Um- und Neuorientierung hineingezogen worden, indem ich zum ersten Mal in meinem Leben in eine bewusste Konfrontation mit der Landschaft meiner Seele geführt wurde. Ich habe ja in meinem Beruf viel mit literarischem Analphabetismus zu tun gehabt – nun musste ich entdecken, dass ich mit 65 Jahren ein psychischer Analphabet geblieben war!* Eine besondere Quelle der Therapie sind für ihn *theologische Gespräche*, in denen er auf seine eigenen fachlichen Ressourcen verwiesen wird, die Welt zu verstehen. Was er bisher

Elisabeth Simpfendörfer im Februar 1997

nie auf sich selbst angewendet hat, lernt er nun: seinen eigenen Alltag in den Kontext biblischer Texte zu stellen und von dort aus zu interpretieren.

Anastasis – Auferstehung mitten im Leben

Ein fragmentarisches Protokoll seiner beiden letzten Klinikwochen – es ist unter dem Titel *Kreuzabnahme* seiner behandelnden Ärztin gewidmet – dokumentiert die Bedeutung biblischer Texte für seinen Heilungsprozess. In erfrischender Unmittelbarkeit bezieht er diese auf seine alltäglichen Aufgaben, Sorgen und Ängste, beginnt mit ihnen ein Gespräch. Dieser existenzielle Umgang mit biblischen Texten ist ihm als Korntaler von Kindheit an eigen. Aber er erweist sich als ein „Korntaler höherer Ordnung", wenn er diese Texte nicht biblizistisch gebraucht, sondern sich diese in ihrer Tiefendimension für sein eigenes Leben erschließt. So werden sie für ihn zu produktiven Erinnerungen für die Gestaltung eigener Zukunft. Er meditiert sie immer wieder in den *Spaziergängen im Garten seiner Schlaflosigkeit* und spürt, was diese altbekannten Texte für ihn neu bedeuten. Sie werden ihm zu *Urgeschichten* für einen konstruktiven Umgang mit seiner Lebensgeschichte mit ihren Behinderungen wie Atemnot und Schlaflosigkeit. Besonders schwer werden ihm Schritte in die Eigenverantwortung und neue Pläne für die Zeit nach der Heimkehr.

Eine dieser Urgeschichten ist Jakobs Kampf am Jabbok (1. Mose 32,23–33), den Jakob hüftlahm überlebt. In einer eigenwilligen autobiographischen Aneignung dieses Textes kann er in einem späteren Brief an Hans Jürgen Schultz sagen: *Und Jakob – das bin ich!* Zu einer anderen Urgeschichte wird ihm Elias Begegnung mit dem Engel Gottes, in der dem Propheten – aller Todessehnsucht zum Trotz – aufgetragen und versprochen wird, dass er noch einen weiten Weg zu gehen hat (1. Könige 19,7). Mit dem Apostel Paulus ringt er um die „Hypomonä" (Römerbrief 5,3–4), um das Durchhalten, die Geduld mit sich selbst, mit denen, die ihn betreuen und begleiten, mit Gott. Er übt sich darin, sein *kleines Leben und seine kleinen Schritte als Fülle zu sehen*. Im Anschluss an die paulinischen Leidenskataloge versteht er sich als *Lernenden auf dem Weg in eine neue Freiheit*, entdeckt *Kraft in Schwachheit* (2. Korinther 12,9), erfährt, wie er, *der nichts hat, doch alles hat* (2. Korinther 6,10). Er lernt an den neutestamentlichen Speisungsgeschichten, dass es reicht, was er hat und bekommt (zum Beispiel Markus 8,8).

Fortan feiert er seinen Geburtstag am 12. Februar in einem doppelten Sinn. Er vergleicht den Beginn der Therapie in der Freiburger Klinik mit seiner Geburt. Freiburg, Hauptstraße 5 steht parallel zu Korntal, Neuhalde 16. Er bekennt: *Ich bin dort dem Dunkel begegnet, das ich seither versuche in meinem Leben zuzulassen, den bewussten Umgang mit ihm zu lernen, es als „ein Stück von mir" anzunehmen – noch immer und wohl auf Dauer eine tägliche Anstrengung, nicht zuletzt der Schmerzen wegen, die damit verbunden sind.* Die von Werner Simpfendörfer beschriebene *Kreuzabnahme* bezieht sich offensichtlich nicht auf die als Kränkung und Demütigung erlebte Einlieferung in die Freiburger Psychiatrie. Er versteht diesen Prozess jetzt als bleibende Arbeit am Kreuz seines Lebens, ohne das Auferstehung nicht möglich ist.

Werner Simpfendörfer hat die Freiburger Klinik nicht schmerzfrei verlassen, aber er lernt mit seinen Schmerzen neu zu leben. Er will sich nicht länger unter Leistungsdruck stellen. Die Zeit – bisher sein *Lebenspolizist* – soll ihn nicht länger versklaven. Die Zeit soll nicht länger ein Zensor sein, vor dem seine Erwartungen und Leistungen Bestand haben müssen. Er beginnt, das Jetzt als geschenkte Zeit zu erleben, die ihren Wert in sich hat. Vertrauen will er auf die Kraft der eigenen Potentiale, um seine Krisen zu meistern. Für jeden Schritt und jeden Tag soll die Losung heißen: *Was da ist, reicht.* Angetrieben bleibt er beim Abschied von der Sorge, *den begonnenen Dialog mit sich selbst, mit den anderen und mit Gott nicht abreißen zu lassen.* Ein konkreter Vorsatz dazu ist: *Schreiben und dafür Zeit nehmen!* Freunden gegenüber bekennt er: *Nach der Klinik beginnt für mich eine neue Zeitrechnung!*

In seiner Rede zu seinem 70. Geburtstag beschreibt er fünf Jahre später diese Arbeit an seiner Genesung als schmerzhaften Erinnerungsprozess: *Wer sich erinnert, stößt auf Schmerzhaftes. Erinnerung begegnet Narben ... Die Angst vor dem Schmerz der Erinnerung schafft Tabu-Zonen des Schweigens. Verweigerung von Erinnerung bedeutet Verweigerung des Dialogs. Damit bleiben aber jene Brunnen der Erinnerung unentdeckt, in denen noch das Wasser fließt, dessen wir eigentlich bedürfen und ohne das unsere Seele vertrocknet ... Wahrscheinlich schaffen es nur wenige Menschen, sich allein und ohne Geleit in die verworrene und verwirrende Landschaft ihrer Erinnerungen zu wagen. Es ist wohl auch nicht ratsam, ohne eine Art von Geleitschutz sich dem Fegefeuer der Erinnerungen auszusetzen. Die Grundform dieses Geleitschutzes ist das Gespräch, bei dem Tabus fallen und Berührungsängste mit der Vergangenheit aufgegeben werden können.*

In seiner Freiburger Therapiezeit hat Werner Simpfendörfer neben einer differenzierten medikamentösen Behandlung einen solchen Geleitschutz gefunden. In ausweisloser Situation wurde ihm hier über Wochen und Monate mit therapeutischer Hilfe der Durchbruch zu einer biographischen Theologie ermöglicht. Es ist der Beginn von Erinnerungsarbeit, in der er lernt, sein reiches theologisches Wissen auf seine allgemeine Lebensgestaltung zu beziehen. Trotz Atemnot und Schlaflosigkeit kann er dabei seine depressive Grundstimmung zunehmend integrieren. Er entdeckt, dass sein leidender Körper sich das holt, was er braucht. Er, der früher nassforsch nach dem Motto *Der Geist schafft sich seinen Körper* gelebt hatte, formuliert nun in neuer Selbstbewusstheit eine Bitte: *Möge „der Leib als sichtbare Seele" mitspielen*. In seinen Selbstzeugnissen beschreibt er diese Begegnung mit sich selbst und der Welt mit zentralen theologischen Begriffen, mit *Auferstehung* und mit *neuer Geburt*.

Offensichtlich ist, dass Werner Simpfendörfer erst in diesen späten Jahren seines Lebens über ein persönliches Tabu sprechen lernt, die Auswirkungen der körperlichen Behinderung auf seine berufliche Karriere und seine persönliche Entwicklung. Sie war in der Familie, in seinen Freundschaften und in seinem Beruf selten Thema. So haben seine Kinder ihn, den allzeit Fröhlichen und Unternehmungslustigen, in den Genfer Jahren erstmals bewusst als behindert wahrgenommen, als sie von Freundinnen und Freunden auf den kleinwüchsigen Vater angesprochen wurden. Erst jetzt spricht er dieses allgegenwärtige Thema seines Lebens offen an. Zwar hat er in seiner Kasseler Doktoratsrede auch das *unsichtbare Heer von Behinderten und Krüppeln und an den Rand Gedrängten* erwähnt, als Gruppe, für die und mit denen er sich gewürdigt sieht. Aber erst in diesen späten Jahren integriert er explizit eigenes Leiden in eine gelebte Theologie. Nun können und sollen es alle wissen, die dies wissen wollen: Er hatte in dieser Kasseler Rede auch von sich selbst gesprochen, wenn er sagte: *Wir werden nur lernen, was wir leiden!*

Kapitel 9

Früchte der Freundschaft –
Im Herbst des Lebens

Freundschaften haben im Leben von Werner Simpfendörfer immer eine zentrale Rolle gespielt. Seine Fähigkeit, Freundschaften zu schließen, hat Kindheit, Jugend und Studium geprägt. Die Ehe mit Elisabeth ruhte in einem Netz von Freundschaften, sein Berufsleben gestaltete er in einem Netzwerk von Freundinnen und Freunden. In den Wochen seiner Klinikaufenthalte empfängt er zurück, was er oft über Jahrzehnte gepflegt und gehegt hatte. „Was du jetzt lernst, lernst du auch für uns" – dieser Satz Thomas Wiesers aus den Kliniktagen begleitet ihn fortan.

Im September 1992 beginnt eine Freundschaft besonderer Art, die er für den Rest seines Lebens voller Leidenschaft pflegt. Die Beziehung zwischen dem Publizisten Hans Jürgen Schultz und Werner Simpfendörfer währt bereits 35 Jahre, aber sie sind bisher *eher Kollegen als Freunde, mit Interesse und Respekt füreinander, aber ohne innigere Verbundenheit.* Buchprojekte, Reportagen und Lesungen im Süddeutschen Rundfunk und die gemeinsame Leidenschaft für die Ökumenische Bewegung – Schultz war über Jahre ARD-Beauftragter für den Ökumenischen Rat der Kirchen und verkehrte regelmäßig in Genf – brachten sie in den sechziger bis achtziger Jahren immer wieder zusammen.

Der fünf Monate nach seiner Klinikentlassung beginnende Briefwechsel zwischen beiden – er umfasst für die Zeit vom September 1992 bis zum Juni 1997 gut 1 000 Seiten – ist eine Begegnung, die ihresgleichen sucht. Schultz beschreibt diese noch nach Jahren in bewegenden Worten: „Mindestens zweimal in der Woche wurde der Postbote bemüht. Nicht selten kamen zwei Billets an einem Tag. Die Erzählungen gingen hin und her wie zwischen Brautleuten. Ein paar Tage ohne Post führte auf beiden Seiten zu Entzugserscheinungen, so dass in Boll oder Baden-

Werner Simpfendörfer anlässlich seines 70. Geburtstages, Februar 1997

Baden zum Telefonhörer gegriffen wurde: Stimmt etwas nicht? Die Korrespondenz verdichtete sich während der Entstehung der Ernst-Lange-Biographie. Alle Details, alle Probleme, beinah Zeile um Zeile wurden diskutiert. Aber es fehlte auch nicht an Schriftstücken, die man früher als ‚Empfindungsbriefe' bezeichnet hat. Wir teilten Ärger, Zorn, Sorgen und Freuden." Für ihn ist dieser tiefen Freundschaft ein liebevolles Moment beigesellt, „zwischen Männern eine Rarität".

Freundschaft als Lebenselixier

Aus diesem Briefwechsel entstehen später gemeinsame Treffen. Unter dem Kunstnamen *Sischuki* – eine aus der Verbindung der Anfangssilben der Teilnehmenden (die Ehepaare Simpfendörfer und Schultz und Frau Kindt) gebildete Schöpfung Werners – geraten diese „Rendezvous" (Schultz) für ihn regelmäßig zu einem Fest. Wie sehr er den guten Rat von Freunden immer wieder braucht, zeigt der schwierige Prozess des Umzugs von

Hinterzarten nach Bad Boll. Diese Entscheidung reift über ein Jahr und wird Ende Oktober 1993 vollzogen. Es fällt den Simpfendörfers schwer, das liebgewordene Refugium „oberhalb von Höllental und mit Blick auf Himmelreich" (Philip Potter) – Ort so vieler ökumenischer Begegnungen und Diskussionen – zurückzulassen.

Vor allem Elisabeth hatte hier nach „Jahren des Nomadenlebens" endlich Wurzeln geschlagen. Auch Werner fürchtet diesen Übergang, scheint ihm doch *sein neues Leben mit all den neuen schönen Beziehungen sehr an Hinterzarten gebunden. Ob er das wohl mitnehmen kann?* Es bedarf des intensiven Zuredens von Hans Jürgen Schultz, um diesen Schritt zu wagen. Am Ende siegt die Einsicht, dass die periphere Lage seinen seelischen und körperlichen Möglichkeiten nicht länger entspricht. So siedeln sie – vermittelt durch Christoph Bausch, den Freund von Kindheit an – in ein neues Seniorenwohnheim nach Bad Boll. Sie kehren heim in den *Mutterboden von Boll*, auf dem sie die ersten zehn Jahre ihrer Ehe gelebt hatten und die Kinder geboren und groß geworden sind.

In der altersgerechten Wohnung in Akademienähe zerstreuen sich die Ängste bald; zu überzeugend steigern sich wieder die Teilhabe- und Mobilitätschancen gegenüber dem Schwarzwaldhaus, das Werner Simpfendörfer auf Besuch angewiesen sein ließ. In der Kirchengemeinde von Harald Wagner im nahe gelegenen Heiningen findet er einen Ort, wo er sich geistig zu Hause fühlt und auch regelmäßig predigt. So kann er schon nach einem halben Jahr feststellen, *der Kreis hat sich geschlossen* und mit Wohlgefallen auf den Ortswechsel, *den Einzug in die neue Welt der Wohnung im Blumhardtweg zurückblicken.* Und gegenüber Marga Bührig, der Freundin aus dem Schweizer Tagungshaus Boldern, bekennt er zu deren 80. Geburtstag: *Ich bin zwar etwas jünger als Du, aber von Dir lerne ich, dass der Herbst des Lebens Gold tragen kann. Von Dir lerne ich, dass älter werden heißen kann: reicher werden ... Es stimmt nicht, dass man alte Bäume nicht mehr verpflanzen soll. Wenn die Wurzeln ... und wenn der Boden sehr gut vorbereitet ist, wachsen auch alte Bäume noch einmal an.*

In Boll reifen nun auch Früchte, an die Jahre zuvor nicht mehr zu denken war. Seine ersten Auftritte in einer breiteren Öffentlichkeit – im Sommer und Herbst 1993 auf der ökumenischen Sommeruniversität in Goslar und der Weltkonferenz von Montreat – kreisen um dieses Lebensthema, das nicht neu ist, aber das ihm nun zum existenziellen Lebenselixier wird. Wir erinnern uns: Im Sommer 1989 hatte Simpfendörfer zur Jubiläumstagung des „Plädoyers für eine ökumenische Zukunft" Freundschaft als Beschreibung einer ökumenisch orientierten Kirche proklamiert. Diese Ökumene gewinnt jetzt für ihn Gestalt in der Gemeinschaft der Freundinnen und Freunde Jesu, der – obgleich in übersehbarer Gestalt existierend – die Verheißung des Lebens gegeben ist. Zu ihnen zählen alte und neue Begleiter, Freundinnen und Freunde mit unterschiedlichen Positionen und Eigenschaften: die Familien Bausch und Conrad, die Weggefährten aus der Akademiearbeit; Marga Bührig, die ehemalige Präsidentin des Ökumenischen Rates der Kirchen; Reinhild Traitler, Baldwijn Sjollema und Thomas Wieser, die Kollegen aus den Genfer Jahren; Heinrich Dauber, der Mitstreiter für eine ökumenische Didaktik; Margot Käßmann, die Generalsekretärin des Deutschen Evangelischen Kirchentages; Wolfgang Huber, mittlerweile Bischof der Berlin-Brandenburgischen Kirche.

Neue literarische Früchte

Wem Freundschaft zum Elixier des Lebens geworden ist, der kann an der Freundschaft zwischen dem von den Nationalsozialisten ermordeten Dietrich Bonhoeffer und dem Vermittler von dessen Erbe, Eberhard Bethge, nicht vorbeigehen. Unter dem Thema Freundschaft steht deshalb auch eine besondere Annäherung an Dietrich Bonhoeffer, den er in seiner *psychiatrischen Zellenexistenz* für sich als Menschen und Theologen neu entdeckt hat. In einem Beitrag für die Festschrift für Eberhard Bethge zu dessen 85. Geburtstag im Jahr 1994 reflektiert er unter dem Titel „Eberhard Bethge als Hermeneut" diese in der deutschen Theologiegeschichte in ihrer Nachhaltigkeit wohl einmalige Freundschaft. Er nähert sich der in der Bonhoeffer-Forschung kaum gestellten Frage nach dem Anteil Bethges an der Theologie Bonhoeffers voller Skrupel, fürchtet, sich an einer so existentiellen Fragestellung zu überheben.

Auch hier bedarf es wieder des Zuspruchs von Hans Jürgen Schultz, um den anvisierten Essay zum Abschluss zu bringen. In langen Monaten entwickelt Simpfendörfer dieses Projekt im Gespräch mit Eberhard und Renate Bethge. Briefe gehen hin und her, gegenseitige Besuche in Hinterzarten und Bonn folgen. So wächst in der Arbeit an dieser Freundschaft eine neue Freundschaft heran. Am Ende steht eine Hommage an den Autor und Theologen Eberhard Bethge, der nicht nur als Vermittler von Bonhoeffers Theologie, sondern auch als Mitschöpfer derselben erkannt wird. In diesem Sinne kann er beider Freundschaft als *Geheimnis der Wirkungsgeschichte Bonhoeffers* charakterisieren. Es gelingt ihm dabei eine theologische Deutung von Freundschaft und damit auch ein Stück theologischer Verarbeitung persönlicher Erfahrungen. Im Rückblick wird deutlich, dass sich Simpfendörfer mit dieser Studie an eine Aufgabe herantastet, die ihn selbst in den folgenden Jahren in Atem halten wird und manchmal auch außer Atem kommen lässt: die Arbeit an einem Porträt des langjährigen Freundes Ernst Lange, der – ein Leben lang von Depressionen geplagt – 1974 in einer existenziellen Krise freiwillig aus dem Leben geschieden war.

Zuvor aber steht noch eine andere Freundschaftsarbeit an. 1993 hat er zusammen mit Gottfried Orth, einem Freund aus der Erwachsenenbildung, ein Symposium in der Boller Akademie über Leben und Wirken des 1988 gestorbenen Freundes Paul-Gerhard Seiz organisiert. Er nähert sich nun in mehreren Beiträgen dem Lebensweg des *Kompagnon und Sympathisanten aus* vielfältigen Beziehungen – der Kirchenreformbewegung, der Akademiearbeit, der Bildungs- und Vernetzungsarbeit. Die Beiträge werden im Rahmen eines Projektes zur „Demokratisierung des ökumenischen Gedächtnisses in Deutschland" vom Ernst-Lange-Institut 1997 publiziert. Er zeichnet Seiz als geborenen

Experimentator, der – von Neugier und Abenteuerlust getrieben – ständig bereit war, in Neuland aufzubrechen. Ein *Störenfried von Haus aus,* der stets über das Vorgegebene hinauswollte und dem es unsagbar schwerfiel, Grenzen – auch die eigenen – zu akzeptieren. Im verständnis- und respektvollen Dialog mit dem ökumenischen Freund übt er sich in der Kunst des Porträtierens. Eine Kunst, die Wahrheit nicht verschweigt und zugleich Geheimnis Geheimnis bleiben lässt.

Das Ernst-Lange-Porträt

Im Oktober 1992 war im Rahmen einer Gedenktagung zu Werk und Person von Ernst Lange in der Evangelischen Akademie Mülheim/Ruhr das „Ernst-Lange-Institut für Ökumenische Studien" gegründet worden. Es widmet sich über dreizehn Jahre unter der Leitung des Religionspädagogen Gottfried Orth in Rothenburg ob der Tauber dem Vermächtnis des nach Dietrich Bonhoeffer bedeutsamsten deutschen Ökumenikers der Nachkriegszeit. Werner Simpfendörfer wird auf der Sitzung vom Februar 1994 von dessen prominent besetztem Kuratorium gebeten, eine Biographie Ernst Langes zu schreiben.

Gewiss ist: Der produktive Umgang mit der eigenen Depression hat ihn befreit, nicht nur auf den berühmten Inspirator, sondern auf den Menschen Ernst Lange zu schauen. Dennoch zögert er lange, diesem anspruchsvollen Auftrag nachzukommen, führt es ihn doch an den *Abgrund des eigenen Lebens,* die Erfahrung lebensbedrohender Depression. Zudem setzt es ihn erneut unter erheblichen Zeit- und Erfolgsdruck. Er weiß auch: Mit der Zeichnung von Ernst Lange droht er in einen Strudel von Auseinandersetzungen um die Deutungshoheit dieses genialen Einzelgängers zu geraten. Und er ist unsicher, ob er die dabei anstehenden Konflikte klar ansprechen kann, ohne zu verletzen. Aber er zählte auch – so nach Ernst Langes Worten aus einem seiner letzten Briefe – zu dessen engsten Freunden. Und diese Freundschaft war für ihn mit dessen Freitod nicht zu Ende.

Auch hier hilft Hans Jürgen Schultz wieder bei der Entscheidung. Er überzeugt ihn, dass letztendlich nur jemand wie er, der die dunklen Seiten des Lebens kennt, sich diesem „Schmerzensmann" annähern kann. Zudem haben sie ja ein unübersehbar gemeinsames Thema, was die Zukunft der Kirche und die Zukunft der Ökumenischen Bewegung betrifft. Und so zeichnet der Gleichaltrige, der sich von den Texten und Losungen Ernst Langes immer wieder inspirieren lässt, *mit Leib und Seele* ein Porträt des Freundes und Zeitgenossen. Er will der Öffentlichkeit einen Menschen wiedergeben, der – nicht zuletzt von den Kirchen – allzu schnell der Vergangenheit anheimgegeben wurde. Er versucht zudem traditionsbildend zu wirken gegen kirchliche Nachlassverwalter, die diesen im offiziellen „mainstream" vereinnahmen wollen.

In einem Wettlauf mit der Zeit – er weiss, dass er mit siebzig ein solches Werk nicht mehr vollbringen kann – arbeitet er wie ein *Besessener*, um Ernst Lange *Gerechtigkeit widerfahren* zu lassen. In mühsamen Prozessen begibt er sich auf bekannte und unbekannte Spuren des Freundes. Er trägt Daten und unbekannte Texte zusammen, nimmt Briefwechsel mit mehr als 60 Zeitgenossen Langes auf, führt zahllose Interviews mit Freunden, Kollegen und Mitgliedern der Familie. In Langes Publikationen ist er zu Hause wie kaum sonst jemand. So kann er Lebenszusammenhänge und Schriften Langes wie wenige andere aufeinander beziehen, oft sie auch miteinander verschränken. „Damit entsteht ein Porträt des Menschen, der ohne seine Theologie nicht zu denken ist, und es entsteht ein Bild der Langeschen Theologie, die ohne diesen besonderen Menschen nicht zu haben ist" (Gert Otto).

Die Vorlage eines ersten Rohmanuskriptes im Kuratorium des Ernst-Lange-Institutes auf der Sitzung am 2.–3. Februar 1996 – neben Simpfendörfer selbst sind weitere acht der fünfzehn Mitglieder nicht anwesend – führt zu heftigem Widerspruch und Widerstand seitens einiger Mitglieder der Lange-Familie, aber auch seitens des Vertreters der Evangelischen Kirche in Deutschland, Rüdiger Schloz. Neben einer ausführlichen Mängelliste wird im Protokoll dieser Sitzung festgestellt: „Gegen die Fortführung dieses Projektes spricht ... die Konsequenz, mit der diese Biographie an der Krankheit entlang entfaltet wird und damit zu einer Krankheitsgeschichte wird, die diese so nicht war. Es wird zudem gefragt, ob die Biographie Ernst Langes hier nicht instrumentalisiert wird. Es wird festgestellt, dass Simpfendörfer mit seinen eigenen theologischen Kategorien und mit den Kategorien seiner Biographie arbeitet und so wesentliche Elemente der Biographie Ernst Langes ausblendet/ausblenden muss."

Werner Simpfendörfer fühlt sich von dem Vorwurf der Instrumentalisierung der Biographie Ernst Langes tief getroffen. Durch den Vorwurf, eigenes Leiden in das Porträt Ernst Langes zu projizieren, sieht er sich *in seiner Integrität als Behinderter* – erstmals geht er so offensiv mit der eigenen Geschichte um – verletzt. Seine Seriosität als Theologe ist in Zweifel gezogen, seine Kompetenz als Autor in Frage gestellt. Er legt seine Mitgliedschaft im Kuratorium und im Institut nieder und zieht sein Manuskript zurück. Mehrere Mitglieder des Kuratoriums folgen seinem Austritt. So erscheint das Buch zum 70. Geburtstag von Ernst Lange im April 1997 zwar termingerecht, aber nicht beim Ernst-Lange-Institut, sondern – durch Vermittlung von Bischof Wolfgang Huber – beim Wichern-Verlag in Berlin. Dabei muss lange um die Finanzierung gekämpft werden, denn nicht nur die Evangelische Kirche in Deutschland, sondern auch der Ökumenische Rat der Kirchen zieht angesichts des Konflikts seine finanzielle Zusage zur Drucklegung zurück. Erst durch Zuwendungen aus der Berlin-Brandenburgischen Kirche, der Evangelischen Kirche in Hessen und Nassau, der Württembergischen Kirche und von „Pro Ökumene" wird die Finanzierung und damit die Publikation gesichert.

Simpfendörfer erhebt mit seinem Lange-Buch nicht den Anspruch, eine Biographie zu schreiben, vielmehr zeichnet er – wie bereits im Einleitungskapitel ausgeführt – ein Porträt. Verbunden mit der Aufforderung, sich ein je eigenes Bild zu machen, malt Simpfendörfer kein Heiligenbild Ernst Langes, sondern schildert Licht und Schatten, Höhen und Tiefen eines ungewöhnlich reichen, aber zugleich anstrengenden Lebens zwischen 1927 und 1974. Eines Lebens, das Widersprüche, Schmerzen und Verluste dieser Jahre – Nationalsozialismus, Judenverfolgung, Krieg und Neuanfang – an sich selbst erlitten hat. Dass dieser Mensch zeitlebens umstritten ist – selbst in der Familie, unter Freunden und Kollegen – soll nicht verwundern. Der Preis, den er seiner Umgebung zugemutet hat, wird nicht verschwiegen. Allerdings stellt Simpfendörfer fest: *Den schwersten Preis freilich hat er selbst bezahlt – und das nicht erst am Ende …!*

Es ist es nicht zu bestreiten, Simpfendörfers Leidenschaft für diesen Menschen wurzelt auch in der eigenen Lebensgeschichte. Die eigenen Erfahrungen mit anstrengender Behinderung und zerstörerischer Depression eröffnen ihm in der Tat Möglichkeiten, den Gefährdungen dieser an der Grenze des Lebens wirkenden Persönlichkeit gerecht zu werden und Langes literarisches und theologisches Werk als gelebte Theologie zu verstehen und zu würdigen. So entsteht beim Lesen immer wieder der Eindruck, dass Simpfendörfer – vergleichbar der Beziehung zwischen Eberhard Bethge und Dietrich Bonhoeffer – dieses Porträt des Freundes mit den ambivalenten Gefühlen der „Dankesschuld" geschrieben hat. Aber – so hält Hans Jürgen Schultz den Kritikern aus dem Ernst-Lange-Institut entgegen – jeder biographische Versuch lebt vom Subjekt des Autors, enthält deshalb auch autobiographische Züge.

*Gott hat der Hoffnung eine Schwester gegeben,
sie heißt Erinnerung*

Seit seinem Klinikaufenthalt ist Werner Simpfendörfer viel *in der Welt der Erinnerung unterwegs*. Seine eigene Vergangenheit und die von anderen bewegen ihn. Es fängt damit an, dass er 1994, im Jahr des 175. Jubiläums von Korntal, eingeladen wird, dort einen Vortrag zu halten über „Mein Korntal", seine Lebensreise über die ersten 30 Lebensjahre. In einer diskreten Liebeserklärung erinnert er an sein Elternhaus, jenes Haus in Neuhalde 16, das für ihn und seine Brüder zu einem *Haus in der Sonne* geworden ist. Diesem *Wurzelboden* verdankt er drei biblische Grundwerte, die seinen Lebensbaum ernähren: Die SOLIDARITÄT, als *das Dasein für andere, die Pro-Existenz; die AUFKLÄRUNG, das Wissen um Recht und Unrecht und die Kraft der Aufrichtigkeit; die UTOPIE,* als *die Sehnsucht nach einer besseren Welt, die Vision eines neuen Himmels und einer neuen Erde, in der Gerechtigkeit wohnt für alle – hier und jetzt.*

Zudem erinnert er an die Bewegung, die von Korntal als Beispiel eines missionarischen Lebensstils ein Leben lang auch auf ihn ausstrahlt. Korntal ist mit seinem pädagogischen Werk und seinem sozialen Engagement – erwachsen aus konkretem Protest und Widerstand gegenüber landesfürstlichen Zwangsmaßnahmen, die gemeindliche Glaubens- und Lebensformen zu Beginn des 19. Jahrhunderts beschränken und kontrollieren – zu einer *Bewegung der Hoffnung* geworden, ihrer Zeit weit voraus. Sie verliert ihre Ausstrahlung erst dadurch, dass sie mit Beginn des 20. Jahrhunderts ihre *zeichenhafte Existenz nur noch verlängert und keine neuen Zeichen der Hoffnung mehr zu setzen vermag.* Indem er die Grundwerte dieser Bewegung im Kontext gegenwärtiger Herausforderungen neu zu aktualisieren sucht, versucht er das Hoffnungspotential in Frömmigkeit und Lebensstil dieser alternativen christlichen Gemeinde in ökumenischer Weite zu neuem Leben zu erwecken.

Seine Studien zu Dietrich Bonhoeffer, Paul-Gerhard Seiz und Ernst Lange konfrontieren ihn mit früheren Widerständen und Ambivalenzen eigener Erinnerungsarbeit. Er entdeckt dabei deren kathartische Kraft, erfährt aber auch, dass verweigerte Erinnerung krank machen kann. Er muss selbst erleben, wie schmerzende Erinnerungen auch zu Überforderungen werden können. So wird für ihn die Nachricht vom Suizid einer Tochter von Ernst Lange zu einer erschütternden Erfahrung. Sie hatte sich vehement gegen das von ihm entworfene Porträt ausgesprochen. Er sucht das intensive Gespräch mit seinen Freunden, um diesen Schock zu verkraften. Er steht zu seinem Lange-Buch, aber er fühlt sich erneut und anders hineingezogen in die *Dramen und Traumata* der

Familie Lange. Es fällt ihm schwer zu verstehen, dass zwischen seiner Publikation und dem Freitod der Tochter des Freundes kein kausaler Zusammenhang bestehen muss.

Grundlegend bleibt jedoch die Erfahrung, dass sich Zukunft denen eröffnet, die Erinnerungen zulassen. Sie halten Schätze, Kräfte und Quellen bereit, aus denen sich Hoffnung und Mut speisen. Zum Ort solcher Erfahrungen werden ihm die familiären Feste, bei denen in vergegenwärtigter Erinnerung Hoffnungen geschöpft werden können. Elisabeth Simpfendörfers 65. Geburtstag im Jahre 1993 und sein eigener 70. Geburtstag im Jahre 1997, aber auch die Taufen der Enkel werden zu solchen Augenblicken, in denen der gelingende Übergang aus der Vergangenheit in die Zukunft gefeiert wird. So bekennt Werner Simpfendörfer zu seinem 70. Geburtstag: *Dass wir diesen Augenblick des Übergangs als Fest begehen, ist angemessen, denn es ist gewissermaßen die Stunde des Hans im Glück – dessen, der einen Sack voller Gold schultern darf und hoffnungsfroh in die Zukunft zieht.*

In seiner Erinnerungsarbeit entwickelt Werner Simpfendörfer Pläne für zukünftige Projekte. So will er eine Biographie über seinen Vater schreiben und sammelt dazu im Gespräch mit Hans Jürgen Schultz Materialien und Dokumente. Auch dem Vater – unter dessen Leistungsdruck er oft gelitten hat – will er Gerechtigkeit widerfahren lassen. Er organisiert im August 1996 zusammen mit Werner Gebert ein großes Fest zum 75. Geburtstag von Philip Potter, mit dem ihn eine jahrzehntelange streitbare Freundschaft verbindet und den er zusammen mit seiner Frau Bärbel Wartenberg-Potter fast schon als Teil seiner Familie ansieht. Er veranstaltet Lesungen aus dem Lange-Porträt im Rahmen der Synode der Evangelischen Kirche in Hessen und Nassau im April 1997 und auf dem Deutschen Evangelischen Kirchentag in Leipzig im Juni 1997. Aufgrund erster positiver Reaktionen zur Publikation – unter anderem erreicht ihn ein anerkennender Brief des späteren Bundespräsidenten Johannes Rau – möchte er bekannte und verborgene Texte Ernst Langes in einem Sammelband kommentieren und herausbringen, um auch auf diesem Weg den Freund der Vergessenheit zu entreißen. Zudem berät er sich mit Verantwortlichen des Deutschen Evangelischen Kirchentages über einen Ernst-Lange-Tag bei dem Treffen in Stuttgart im Jahre 1999.

Gleichsam als Widerspruch zu seinen Zukunftsplänen, die an seine strategische Gabe erinnern, bekennt er bei einem gemütlichen Abendgespräch mit seinem Freund Christoph Bausch am 24. Juni 1997: *Jetzt hab' ich eigentlich alles geschafft, was ich mir vorgenommen habe: Meinen Enkelsohn habe ich getauft, mein Buch* (über Ernst Lange) *ist fertig, und* – er lacht – *ein Text von mir* – er hat seine mittlerweile berühmt gewordenen Kasseler Aphorismen im Sinn – *steht im Evangelischen Kirchengesangbuch. Jetzt kann ich mich ganz dem Müßiggang hingeben.* Zwei Tage später – er und seine Frau Elisabeth sind auf dem Weg zu einem Mittagessen mit Hans Jürgen und Karin Schultz nach Ruit – sind sie beide tot. Ein unverschuldeter Verkehrsunfall, ein Fahrer ist ihnen auf ihrer Fahrbahn entgegengekommen, ein Ausweichen ist nicht mehr möglich. Als die herbeigerufenen Söhne am Unfallort eintreffen, sind beide Eltern tot. Werner wurde zuerst getötet und Elisabeth, zunächst schwer verletzt, ist ihm noch an Ort und Stelle gefolgt. In der Erinnerung der Söhne bleibt der Eindruck haften, dass sie auch im Tod zusammenbleiben wollten.

In einem Beitrag zu den Predigtmeditationen im Jahre 1979 hat Werner Simpfendörfer das „Leben vor dem Tod" als „Reifwerden für die Zukunft" beschrieben. Wer reif werden will für die Zukunft, darf das Dunkel nicht scheuen. *Was aber kann uns den Mut geben, offen dem Dunkel der Zukunft entgegenzugehen, statt in die lähmenden Schatten der Vergangenheit zurückzufallen?* Simpfendörfer entdeckt solchen Mut in *einem Leben, das sich von seinen Grenzen nicht entmutigen lässt. Es ist ein Leben, das aufmerksam geworden ist auf jene kleinen und großen Daten des befristeten Lebens, die zur Dankbarkeit Anlass geben.*

Aus seiner Freiburger Klinikzeit stammt das von Werner Simpfendörfer immer wieder meditierte japanische Haiku, das solche Aufmerksamkeit gegenüber den kleinen und großen Daten eines befristeten Lebens zur Sprache bringt:

„Von einem frühen Tod
Zeigt die Zikade sich unbeeindruckt,
Sie singt!"

Das Haiku bringt es auf den Punkt: Es kommt darauf an, das zu tun, was jetzt dran und möglich ist, und das ist genug. Das ist eine letzte, aber entscheidende Lernerfahrung in einem Leben, das vor keinen Grenzen meinte Halt machen zu dürfen und sich die Utopie der geeinten Menschheit als Programm wählte. So widersprüchlich es klingen mag: Nicht in der Suche nach immer neuen Grenzüberschreitungen, sondern gerade in der Achtung der eigenen Beschränkungen entfaltet sich der ökumenische Reichtum.

Zeugnisse
Gedächtnis und Vermächtnis

Aus einem Brief von Hans Jürgen Schultz
an die Söhne von Werner und Elisabeth Simpfendörfer
(30. Juni 1997)

Wie Ihr Vater sein schweres Leben gemeistert, wie er seinem Schicksal diese enorme Vitalität, ja Juvenilität abgetrotzt hat – das konnte man nur bestaunen ... Ich habe in dem Schmerzensmann Werner immer auch etwas vom Kleinen Prinzen gesehen. Er lag wieder und wieder „in tiefster Todesnacht", aber er hat eine Leuchtspur hinterlassen. Bequem war er gar nicht. Er war ein Schwabenkopf. Ein Querdenker. Er las seiner lauwarmen oder rechthaberischen Kirche die Leviten ... Er mischte sich ein wie ein Frondeur. Wie gesagt: Unsere Freundschaft begann mit einem Donnerwetter. Aber sie war zuletzt vor allem von hilaritas durchsetzt.

Das alles wäre undenkbar, hätte es nicht – Elisabeth gegeben! Sie war eine außergewöhnliche Frau. Sie hatte viel mehr im Keller als im Schaufenster. Wer wissen wollte, was sie zu sagen hatte, musste zuhören können. Auch sie eine Schwäbin von der köstlichen Sorte. Sie war wahrlich nicht nur ihres Mannes Gehilfin. Sie waren ein Paar. Ein Paar besteht aus zwei Gleichen. Erich Fromm: „In der Liebe kommt es zu dem Paradoxon, dass zwei Wesen eins werden und trotzdem zwei bleiben."

Wolfgang Huber in der Traueransprache
(3. Juli 1997)

Wir nehmen Abschied von zwei Menschen, die in einer unvergleichlichen Weise zusammengehörten. Elisabeth wollte ohne

Werner nicht sein, er konnte ohne sie nicht sein. Nun sind sie zusammen gegangen, auch noch im Tod vereint.

Noch einmal: „Gottes Kraft ist in den Schwachen mächtig." Werner Simpfendörfer hat sich dieses Wort zum Abschied gewählt, weil sein ganzes Leben nichts anderes als eine leibhaftige Auslegung dieses Wortes war. Er, dem der ebenmäßige Wuchs vorenthalten war, wurde zu einem Vorbild im aufrechten Gang. Er, der so spät erst laufen lernte, ging dann umso weitere Wege. Wie schwer fiel ihm jeder Schritt; aber kein Ort der Welt war ihm zu entlegen, um nicht dort das Netz ökumenischer Freundschaft zu knüpfen. „Gott gab uns Atem, damit wir leben" – dieser Satz, auf Kirchentagen oft gedankenlos gesungen, war für ihn, dem der Atem so knapp war, ein Ruf der Sehnsucht. Aber, was er sich vornahm, verfolgte er mit längerem Atem als die meisten anderen. Der Jüngste von vier Brüdern wurde vielen zum älteren Bruder; der Sohn eines bedeutenden Vaters wurde anderen dadurch zum Vater, dass er ganz darauf verzichtete, von seiner Familientradition etwas „herzumachen". Er hatte wirklich gelernt, „dagegen zu leben".

Das Lebensthema war das ökumenische Lernen. Das hing tief mit seinem Glauben zusammen. Der Weg Gottes, wie er uns in Jesus von Nazareth anschaulich wird, gilt der Welt, nicht der Kirche. Das war seine tiefe Überzeugung. Deshalb ist die Kirche nie Selbstzweck, sondern Instrument der Zuwendung Gottes zu seiner Welt. Wenn sie bei ihrem Auftrag bleiben will, muss die Kirche sich den Nöten der Menschen und den Herausforderungen ihrer Zeit zuwenden. Da gibt es kein Weniger oder Mehr, sondern nur ein Ja oder Nein.

Freundschaft war das Elixier ihres Lebens: Dass Gott ein Freund des Lebens ist, dass er uns in Christus ein Freund wird, dieses Geschenk des Glaubens verwandelte sich ihnen in eine ganz außerordentliche Begabung zur Freundschaft, diesem „seltensten und kostbarsten Gut", wie es bei Dietrich Bonhoeffer einmal heißt.

Reinhild Traitler am Tag der Beerdigung
(3. Juli 1997)

Später vielleicht
Jenseits der Mauer unseres Schmerzes und unseres Zorns

Später vielleicht werden wir das Ganze sehen
Den goldenen Faden in den verschlungenen Fäden
Das Strahlen in den Teppich eures Lebens eingewirkt

Später vielleicht werden wir das Muster ausmachen,
zu dem sich die Teile fügten
Mit jedem Atemzug
Immer wieder Liebe.

Später vielleicht werden wir das Textil entdecken
In den vielen Fäden miteinander versponnenen Lebens,
und die Hand der großen Weberin
die euch jetzt neu einknüpft in das Gewand des Lebens.

Später vielleicht werden wir euch ganz sehen.

Eberhard Renz im Rahmen einer Gedenktagung nach zehn Jahren
(1.–3. Oktober 2007)

Wenn ich an Werner Simpfendörfer denke, fällt mir immer auch mein früherer Kirchenpräsident in Kamerun ein, Jeremiah Chi Kangsen. Selbst klein von Gestalt – für einen Häuptling ein echtes Handicap – konnte er sich den mächtig scheinenden Afrikasekretär der Basler Mission nur als übergroßen Riesen vorstellen. Der ehemalige Afrikasekretär, Emmanuel Kellerhals, allerdings war aber ausgesprochen klein. Und der Afrikaner befand etwas nachdenklich, als er ihm zum ersten Mal begegnet war: Wir müssen lernen, dass in einem kleinen Körper eine große Seele wohnen kann.

Lebensdaten

12. Februar 1927: Geburt in Korntal, einem Zentrum des schwäbischen Pietismus

1934–1944: Besuch der Grundschule und der Höheren Knabenschule der Brüdergemeinde in Korntal

Oktober 1944 – Mai 1945: Kriegsdienstverpflichteter im Rathaus von Korntal

Juli 1945 – Juli 1951: Studium der Evangelischen Theologie in Tübingen, Bonn, Basel und Edinburgh

August 1951: Ordination und Übernahme in den „unständigen Dienst" der Evangelischen Landeskirche in Württemberg

1951–1953: Vikar in Bonlanden-Harthausen und Stuttgart-Fellbach, Religionslehrer in Korntal und Ebingen

1953: Zweite Theologische Dienstprüfung

September 1953 – März 1956: Repetent am Evangelisch-Theologischen Seminar in Blaubeuren

März 1956: Ernennung zum Pfarrer der Evangelischen Landeskirche in Württemberg

April 1956 – August 1969: Pressereferent, Referent für gemeindebezogene Akademiearbeit, Ökumenereferent und stellvertretender Leiter der Akademie in Bad Boll

Oktober 1956: Hochzeit mit Elisabeth Eberhardt

September 1969 – August 1973: Mitarbeit im Bildungsbüro des Ökumenischen Rates der Kirchen in Genf

September 1973 – Dezember 1985: Doppelfunktion als Generalsekretär des Europäischen Leiterkreises der Akademien und Laieninstitute und Generalsekretär des Ökumenischen Leiterkreises der Akademien in Deutschland

1978: Umzug von Stuttgart nach Hinterzarten

November/Dezember 1985: Ehrenpromotion der Gesamthochschule in Kassel und Verabschiedung in den Ruhestand

Juni 1989: Mitorganisator und Hauptreferent bei der Tagung „Generationen begegnen sich. 10 Jahre Plädoyer für eine ökumenische Zukunft" in Stuttgart

Februar – April 1992: Neunwöchiger Aufenthalt in der Psychiatrischen Universitätsklinik in Freiburg
Oktober 1993: Umzug nach Bad Boll
1994–1996: Arbeit am Porträt „Ernst Lange"
April – Juni 1997: Lesereisen mit dem Lange-Porträt
26. Juni 1997: Unverschuldeter Unfalltod von Werner und Elisabeth Simpfendörfer

Bibliographie

Eigene Werke

Die Gemeinde vor der Tagesordnung der Welt. Dokumente und Entwürfe. Kirchenreform Band 1, Stuttgart 1968
Offene Kirche – Kritische Kirche. Kirchenreform am Scheideweg, Stuttgart 1969
Kirche in der Region. Kirchenreform Band 4 (zusammen mit Karl-Fritz Daiber), Stuttgart 1970
Eigener Haushalt und bewohnter Erdkreis. Ökologisches und ökumenisches Lernen in der „Einen Welt" (zusammen mit Heinrich Dauber), Wuppertal 1981
Ökumenische Spurensuche. Porträts, Stuttgart 1989
Frauen im ökumenischen Aufbruch. Porträts, Stuttgart 1992
„Er freut sich hoch über des Freundes Stimme". Eberhard Bethge als Hermeneut, in: Christian Gremmels, Wolfgang Huber (Hg.), Theologie und Freundschaft. Wechselwirkungen: „Eberhard Bethge und Dietrich Bonhoeffer" (für Eberhard Bethge zum 85. Geburtstag), Gütersloh 1994, S. 51–88
Ernst Lange. Versuch eines Porträts, Berlin 1997

Veröffentlichungen unter Mitwirkung von Werner Simpfendörfer und mit Texten von ihm

Referat für Fragen der Verkündigung des Ökumenischen Rates der Kirchen, *Die Kirche für andere* und *Die Kirche für die Welt im Ringen um Strukturen missionarischer Gemeinden.* Schlussberichte der Westeuropäischen Arbeitsgruppe und der Nordamerikanischen Arbeitsgruppe des Referates für Fragen der Verkündigung, Genf 1967
Hans Jochen Margull (Hg.), *Mission als Strukturprinzip.* Ein Arbeitsbuch zur Frage missionarischer Gemeinden, Genf 1968

Paul-Gerhard Seiz (Hg.), *Die Siedlung als Neuland in der Kirche*. Kirchenreform Band 2, Stuttgart 1968

Gerhard Wacker (Hg.), *Kirche im Werden einer Dienstgruppe*. Die Kolonie im Ramtel. Gemeinsamer Schlussbericht einer experimentellen kirchlichen Gruppe. Kirchenreform Band 5, Stuttgart 1970

Büro für Bildungsfragen beim Ökumenischen Rat der Kirchen (Hg.), *Bildung – ganz!*, Stuttgart 1971

Thomas Wieser (Hg.), *Ökumene – quo vadis?* Ein Dialog unterwegs zur Zukunft der Ökumenischen Bewegung. Texte zum Kirchlichen Entwicklungsdienst 44, Hamburg 1989

Plädoyer für eine Ökumenische Zukunft (Hg.), *Generationen begegnen sich*. Ein Dialog über Geschichte, gegenwärtige Vielfalt und Zukunft des Plädoyer, Berlin 1989

Manfred Fischer (Hg.), *Aufbruch zum Dialog*. Auf dem Weg zu einer Kultur des Gesprächs. Fünfzig Jahre Evangelische Akademie Bad Boll, Stuttgart 1995

Gottfried Orth (Hg.), *Mit den Augen der anderen sehen*. Versuche zu Leben und Werk von Paul-Gerhard Seiz (1932–1988), Rothenburg 1997

Veröffentlichungen über Werner Simpfendörfer

Ökumenisch lernen. Ein Dank an Werner Simpfendörfer, hg. von der Ökumenischen Vereinigung der Akademien und Tagungszentren in Europa und dem Leiterkreis der Evangelischen Akademien in Deutschland, Bad Boll 1985